これで安心！

団交準備・交渉・妥結・
団交外活動への対応

地域ユニオン（合同労組）への対処法〔補訂版〕

弁護士 廣上 精一　弁護士 三上 安雄　弁護士 大山 圭介　弁護士 根本 義尚　著

発行 民事法研究会

補訂版はしがき

　はやいもので初版の出版から9年が経ちました。お陰様でこれまで多くの読者の方にご愛読いただき、民事法研究会から増刷したいとのありがたいご提案をいただきました。増刷するに当たり、あらためて内容を確認したところ、これまで法令の改正や引用文献の改訂等が行われ、初版の内容では皆様に正確な内容をお伝え出来ない点も見受けられましたので、必要な法令や字句の修正などを行い、補訂版という形で出版させていただくこととなりました。

　さて、労働組合の組織率が年々低下している中で地域ユニオン（合同労組）は、企業別組合で組織化されてこなかったパート労働者・管理職・派遣労働者などを組合員として受け入れ、また、1人でも加入することができる労働組合として個別労働紛争の駆け込み寺的な機能を果たしてくるなど、企業別組合が擁護できない狭間領域においてその活動をより活発化し、企業における地域ユニオンへの対処の重要性がより高まってきているように感じます。執筆者一同、この補訂版が、企業経営者の皆様、企業の人事・総務ご担当の皆様、さらに企業からご相談を受ける弁護士、社会保険労務士といった専門家の皆様など地域ユニオンへの対処を検討される方の実務の一助になれば光栄です。

　最後に、本書の構成作業等にお骨折り賜りました民事法研究会代表取締役の田口信義さん、同社編集部の都郷博英さん、堺紀美子さんに心より御礼を申し上げます。

　　令和5年11月

執筆者を代表して

弁護士　三上　安雄

1

はしがき

　本書のテーマは、地域ユニオン（合同労組）対策です。

　一般の方には、地域ユニオンという言葉は聞き慣れないものかもしれません。しかし、労働運動の世界では、今一番元気な労働組合といっても過言ではないと思います。

　もちろん、「地域ユニオン」という名前の大きな労働組合があるわけではありません。「地域」という名前が示すように、それぞれの地域において活動している労働組合であり、組織的にはそう大きなものではありません。しかし、これまで主流とされていた労働組合（企業別組合）が組織化してこなかったパート労働者・管理職・派遣労働者などを組合員として受け入れ、また、１人でも加入することができる労働組合として、今や個別労働問題の駆け込み寺の機能を果たしています。さらに、大きな組織ではないが故に小回りがきき、それを活かして全国の至るところでいろいろな地域ユニオンが活発に活動しています。

　他方、企業の側からしますと、ある日突然、全く知らない労働組合から団体交渉を申し入れられてあわてふためく、ということが全国で頻発しています。すべての企業に労働組合（企業別組合）があるわけではなく、また、すべての企業が労働組合との団体交渉を経験しているわけではありません。特に最近では、非正規労働者と呼ばれるパート労働者や派遣労働者が急増し、集団的な労働問題ではない、労働者個人の個別の労働問題が多発しております。そして、企業の側からしますと、この個別の労働問題に地域ユニオンが関わってくると、労使の対立が先鋭化するのではないか、という恐怖感があります。

　本書は、このような地域ユニオンに対する企業側の恐怖心を予め取り除くため、私たち４人の弁護士が過去に企業側の代理人として経験したことをベースにして、地域ユニオンへのあるべき対応と対策を紹介したものです。も

ちろん、私たち4人が経験したことは、わが国で起こった労使紛争の内のほんのわずかなものに過ぎませんが、その経験を敷衍して企業側の恐怖心を少しでも多く取り除くことができるものにしようと努力しました。

　本書の評価は、読者の皆様方の判断に委ねる他ありませんが、私たち4人は、本書を読んでおいてよかった、と思っていただけるものと自負しております。

　最後になりましたが、本書の編集・校正作業にお骨折り賜りました民事法研究会代表取締役の田口信義さん、同社編集部の都郷博英さんに心より御礼を申し上げます。

　　平成26年初夏

執筆者を代表して

弁護士　廣上　精一　　

『これで安心！ 地域ユニオン（合同労組）への対処法〔補訂版〕』

目 次

第1部 総 論

Ⅳ　地域ユニオンとの団体交渉での注意点 ………………18

Ⅴ　地域ユニオンとの団体交渉を終えるときの 注意点 ……………27

第2部　各　　論

Ⅶ　地域ユニオンとの団体交渉を終えるときの注意点 ……………… 188

Ⅷ　地域ユニオンの団体交渉以外の活動に対する対応 …………………… 204

※本書では、読者の読みやすさの観点から、条文の現代語化や判決文の一部
　省略等を行っている箇所がある。

第1部

総　論

I　地域ユニオン（合同労組）とは何か

1　地域ユニオンについて

　本書のテーマは「地域ユニオン（合同労組）」対策ですが、「地域ユニオン（合同労組）」は一般の方には馴染みのないものと思われます。そこで、まずごく簡単に「地域ユニオン（合同労組）」についてご説明いたします。

　わが国の労働組合の多くは、特定の企業の労働者を組織化した労働組合です。このような労働組合を「企業別組合」と呼んでいます。特定の企業の労働者を組織化した労働組合ですので、「△△株式会社」の企業別組合は「△△労働組合」という名称が多いようです。

　これに対し、企業や産業に関係なく、一定の地域において、主に中小企業に働く労働者を合同して組織化した労働組合があります。以前はこれを「合同労組」と呼んでいましたが、最近では「地域ユニオン」と呼ぶことが多くなりましたので、本書でも「地域ユニオン」と呼ぶことにします。

　地域ユニオンの多くは、1つの地域（たとえば、特定の都道府県や市区町村）、あるいは、1つの職位（たとえば、管理職、パートタイマー労働者）などを基準として構成されていますので、「ユニオン」という名称の前に、その地域の名称や、組織化した労働者の種類を付したものが多いようです。

　本章では、地域ユニオンの特色を企業別組合と対比して説明いたします。

2　企業別組合との対比

　まず、企業別組合の多くは、特定の企業の労働者で構成されているだけでなく、その労働者の中の終身雇用制を前提とした正社員だけで構成されています（ただし、最近ではパートタイマー労働者などの有期雇用社員の割合が増えていることに対応して、特定の企業のすべての労働者を組織化した企業別組合も

少しずつ増えているようです）。

　これに対し、地域ユニオンは、早くから、管理職・パートタイマー労働者・派遣労働者など、企業別組合が組織化していない労働者を自己の労働組合員としてきました。

　さらに、地域ユニオンの多くは、加入する労働者が1人であっても労働組合員として受け入れています。このため、地域ユニオンは、個別の労働問題を抱えた労働者の駆け込み寺としての機能も果たすようになっています。

3　企業別組合との関係

　労働者が所属する企業に企業別組合がある場合でも、その労働者が一定の地域または一定の職位の労働者であれば、地域ユニオンに加入できます。

　また、その労働者が企業別組合の組合員であっても、その企業別労働組合の組合員のままで地域ユニオンに加入することも可能です。

　さらに、企業別組合が企業とユニオン・ショップ協定（6頁参照）を締結している場合であっても、一定の地域または一定の職位の労働者であれば地域ユニオンに加入することは可能ですが、この問題はやや複雑ですのでⅡの解説をご参照ください。

4　地域ユニオンの内部

　なお、以上の説明は、私たち企業側の弁護士から見た地域ユニオンの特色です。いわば外から見たイメージで、残念ながら、私たち企業側の弁護士には地域ユニオンの内部のことはよくわかりません。

　しかし、地域ユニオンが、いろいろな企業の労働者や、いろいろな職位の労働者で構成されていることは確かですので、地域ユニオンの内部についても、企業別組合の内部とは異なった特色があるものと思われます。

　その内部の特色につきましては、Ⅱ以下の解説と第2部のQ&Aからご推測いただければ幸いです。

（廣上精一）

Ⅱ　地域ユニオンの問題点

1　地域ユニオンの法適合性について

(1)　労働組合法における法適合性の要件

　労働組合法上の労働組合とは、同法2条本文の「労働者が主体となって自主的に労働条件の維持改善その他経済的地位の向上を図ることを主たる目的として組織する団体又はその連合団体」との要件を満たし、かつ、同条但書の要件である「監督的地位にある労働者その他使用者の利益を代表する者の参加を許すもの」（同1号）、「団体の運営のための経費の支出につき使用者の経理上の援助を受けるもの」（同2号）、「共済事業その他福利事業のみを目的とするもの」（同3号）、「主として政治活動又は社会運動を目的とするもの」（同4号）のいずれにも該当しないこと、さらに、組合規約において同法5条2項が定める必要的記載事項が記載されていること、これらの要件をいずれも満たしている法適合組合をいいます。

　これに対し、労働組合法2条にいう「労働者が主体となって自主的に労働条件の維持改善その他経済的地位の向上を図ることを主たる目的として組織する団体又はその連合団体」との要件は満たしているものの、同条但書1号、2号の要件を満たさない、つまり1号「監督的地位にある労働者その他使用者の利益を代表する者の参加を許すもの」あるいは2号「団体の運営のための経費の支出につき使用者の経理上の援助を受けるもの」のいずれかまたは双方に当たるものを、自主性不備組合といいます。

　この法適合組合に当たる場合、どのような効果があるのでしょうか。この点については、労働組合法5条1項により、労働組合が労働委員会に証拠を提出して、同法2条および5条2項の規定に適合すること、つまり法適合組合であることを立証しなければ、同法が規定する手続（典型的なのは不当労

働行為救済の申立て）に参与する資格を有しないこととなり、かつ、同法に規定する救済（典型的なのは不当労働行為の救済）を受けられない、とされています。

(2)　法適合組合か否かをめぐる問題点

地域ユニオンが法適合組合に当たるか否かをめぐり、次のような問題があります。

まず、そもそも労働組合法2条本文の要件「労働者が主体となって自主的に労働条件の維持改善その他経済的地位の向上を図ることを主たる目的として組織する団体又はその連合団体」の該当性をめぐり、この「労働者」とは特定の企業の従業員を指すと考えれば、そのような「労働者」によって組織されていない地域ユニオンは要件を欠くのではないかという考えもあり得ます。つまり、ある会社の社員がいきなり地域ユニオンに加入した場合、その地域ユニオンは法適合組合ではない、としてその会社が地域ユニオンから申し込まれた団体交渉を拒否してよいか、という問題です。

この点に関する裁判例（千代田工業事件——大阪地裁昭和61年10月17日判決・労働判例485号78頁）では、「労組法2条本文は、労働組合の組合員たる労働者について、その範囲を特定の企業に使用される従業員に限定していないし、労働組合を組織すべき組合員の数についても、特定企業の全員ないし過半数を要件としていないのであるから、労働組合は、原告〔筆者注：会社のこと〕が主張するような企業別組合のみならず、ある企業の従業員が、その人数の多少にかかわらず、その企業の範囲を超えて、例えば、参加人組合〔筆者注：訴訟に参加している当該労働組合のこと〕のように、特定の産業、業種について、いわば横断的に結合することによっても組織し得るものというべきであり、このように横断的に組織された労働組合であっても、労組法2条の要件をみたす限り、労組法上の適法な労働組合であり、労働組合運動を保障されていることは一般の企業別組合と変らない」との判断が示されています。つまり、特定の企業の従業員が外部の地域ユニオンに加入した場合で

あっても、その地域ユニオンが労働組合法2条の要件を満たしていればそれは法適合組合であり、会社は正当な理由のないかぎりその団体交渉の申入れを拒むことはできないと考えられています。

　また、労働組合法2条但書の要件を満たすかどうかをめぐり、「監督的地位にある労働者その他使用者の利益を代表する者の参加を許すもの」（同1号）に当たるのではないかという点が問題となることがあります。管理職が、管理職の労働組合を結成すること、あるいは、そのような労働組合に加入することがはたして認められるのでしょうか。特に地域ユニオンとの関係では、そのようなユニオンにある日突然管理職が加入したという場合、そのような労働組合は法適合組合ではないのではないかという点が問題となることがあります。この点については、後記3で説明します。

2　ユニオン・ショップ協定との関係

(1)　ユニオン・ショップ協定とは

　ユニオン・ショップ協定とは、使用者が労働協約において、自己の雇用する労働者のうち、当該労働組合に加入しない者および当該労働組合の組合員でなくなった者を解雇する義務を負う制度をいいます。このような労働協約は、労働組合に入らない自由や組合選択の自由の利益を損なうとして、その有効性が問題となります。

　この点については、様々な見解がありますが、有効なユニオン・ショップ協定を締結しうる労働組合を、当該事業場の同種の労働者の過半数を組織していなければならないと解し（労働組合法7条1号但書参照）、組合選択の自由（少数組合の団結権保護）との調整を図りつつ（具体的には後記(2)で述べるようにユニオン・ショップ協定が及ぶ範囲を限定して捉える）、有効と解する立場が有力です。

(2)　ユニオン・ショップ協定の効力が及ぶ範囲

　まず、ユニオン・ショップ協定締結当時、非組合員が既に別の労働組合を

組織している場合は、それらの別の労働組合の組合員の団結権保障の観点から、ユニオン・ショップ協定の効力は別の労働組合の組合員には及ばないと考えられています。つまり、この場合は、ユニオン・ショップ協定による解雇は無効となります。

では、ユニオン・ショップ協定を締結した労働組合から脱退した者や除名された者が他の労働組合を結成したり、他の労働組合に加入した場合はどうでしょうか。特に、既に企業内でユニオン・ショップ協定を締結している労働組合から脱退し、あるいは除名されて、地域ユニオンに加入した場合に問題となります。

この点については、結論として、ユニオン・ショップ協定を締結した労働組合から脱退した場合でも、除名された場合でも、いずれも会社が解雇するまでに他の労働組合に加入すれば使用者は解雇できない、つまり解雇は無効と考えられています（三井倉庫港運事件——最高裁平成元年12月14日判決・最高裁判所民事判例集43巻12号2051頁、日本鋼管事件——最高裁平成元年12月21日判決・労働判例553号6頁、本四海峡バス事件——神戸地裁平成13年10月1日判決・労働判例820号41頁）。

3　管理職は加入できるのか

管理職が労働組合を結成すること、あるいは管理職が労働組合に加入することがはたして認められるのでしょうか。特に地域ユニオンとの関係では、ある日突然管理職が地域ユニオンに加入した場合に問題となります。この場合、前記1で説明した、労働組合法2条但書1号「監督的地位にある労働者その他使用者の利益を代表する者の参加を許すもの」に当たり、そのような地域ユニオンは法適合組合とはいえないのではないかという点が問題となります。同条但書1号の条文をご理解いただくため、同条但書1号の全文をご紹介いたします。

労働組合法2条（労働組合）

　この法律で「労働組合」とは、労働者が主体となって自主的に労働条件の維持改善その他経済的地位の向上を図ることを主たる目的として組織する団体又はその連合団体をいう。但し、左の各号の一に該当するものは、この限りでない。

　1　役員、雇入解雇昇進又は異動に関して直接の権限を持つ監督的地位にある労働者、使用者の労働関係についての計画と方針とに関する機密の事項に接し、そのためにその職務上の義務と責任とが当該労働組合の組合員としての誠意と責任とに直接にてい触する監督的地位にある労働者その他使用者の利益を代表する者の参加を許すもの

　この労働組合法2条但書1号は、労働組合の自主性の点から、使用者の利益代表者を参加させてはいけない旨を規定したものです。これに反して使用者の利益代表者の参加を許す労働組合は、先に説明したとおり、同条の「労働組合」に当たらないこととなり、そのような労働組合は、同法が規定する手続に参与する資格を有せず、かつ同法が規定する救済（たとえば不当労働行為救済制度）を受けることができません。

　使用者の利益代表者として労働組合に参加させてはいけない者は、①役員はもちろんのこと、②「雇入解雇昇進又は異動に関して直接の権限を持つ監督的地位にある労働者」、要するに人事権をもつ上級管理者です。さらに、③使用者の「職務上の義務と責任とが当該労働組合の組合員としての誠意と責任とに直接にてい触する監督的地位にある労働者」、具体的には人事部などの管理職などがこれに当たります。さらに、④「その他使用者の利益を代表する者」は、具体的には、社長秘書等がこれに当たります。

　しかし、これまでの労働委員会の命令例や裁判例をみると、これら「使用者の利益代表者」の範囲は、かなり限定的に捉えられています。たとえば、総合企画部・総務部・人事部の管理職としての担当職、総合企画部情報システムグループ課長、総務部財務グループ課長、および、総合企画部次長は「使用者の利益を代表する者」に当たるが、それ以外の管理職については

「使用者の利益を代表する者」には当たらないとした中央労働委員会の判断
を正当と認めた原審の判断を支持した最高裁判例もあります（中労委（セメ
ダイン）事件——最高裁平成13年6月14日決定・労働判例807号5頁）。

　したがって、管理職が労働組合を結成した、あるいは、管理職が労働組合
に加入したからといって、直ちにその労働組合は労働組合法2条但書1号に
該当し、自主性のない組合として労働組合法上の救済を受けることができな
いと判断するのは早計です。当該管理職がはたして上記の①〜④に当たるの
か、慎重に判断する必要があります。

4　加入メンバーの開示

　ところで、別の労働組合を結成した、あるいは、地域ユニオンを含め別の
労働組合に加入したという場合、会社の報復を恐れ、労働組合がその氏名を
明らかにしないケースがあります（いわゆる匿名組合員）。このような場合、
会社はそのような労働組合からの団体交渉申入れを拒否することができるの
でしょうか。

　この点については、「『申立人組合が個人加入方式をとり、いわゆる匿名組
合員を含む合同労組であって……被申立人が、申立人組合から団体交渉を申
入れられたとき、自己の雇傭する従業員の誰がその組合に加入しているか、
少なくとも分会長など責任者外何名が加入しているかという程度の認識を求
めんとすること、換言すれば労働組合の代表者又は受託者と言われても組合
員名の明示がなければ、その者が果して自己の雇傭する労働者を代表し或い
は委任されたものであるか否かを確認する方法がなく、そのために組合員名
簿の呈示を求め、これが得られないことを理由に団体交渉に応じないとして
も、これのみを以て直ちに不当に団体交渉を拒否するものとは断じ難い。』
（神奈川地労委命令　昭34年（不）10号　太陽社事件　昭36・3・31）といえよう。
要するに、団体交渉を要求してきた者が雇用する労働者の代表者であること
の確認（神奈川地労委命令　昭34年（不）9号　明光印刷事件　昭36・3・31）、

要求事項に関連した組合員の人数、氏名の明確化（札幌地裁判決　昭36年（行）10号　金星自動車不当労働行為救済命令取消請求事件　昭38・3・8）等のため必要があって組合員名簿の提出を求め、それがあるまで団体交渉を拒否することは正当な理由があるものといえよう」（厚生労働省労政担当参事官室『労働組合法　労働関係調整法―労働法コンメンタール１―六訂新版』労務行政・453頁）と考えられており、筆者もこのような考え方が相当であると思います。

（三上安雄）

III　地域ユニオンから団体交渉を申し入れられた場合の対処法

1　地域ユニオンの団体交渉の申入れの特徴

(1)　地域ユニオンに加入する理由

　仕事や労務について不満をもつ社員がいる場合、上司や同僚がそれに気付き、何らかの対処をすることができれば労務のトラブルを未然に防ぐことが可能なのですが、その不満が対処されることなく、どんどん大きくなって外にはけ口を求めざるを得なくなることがあります。さらには、その不満が爆発して何らかの不祥事が発生し、解雇や雇止めに至ることもあります。または、企業別組合に相談したが、相談にのってもらえなかったり、力になってもらえなかったということも考えられます。

　このように個々の社員の個別の労務問題が企業の内部で解決されない場合、労働局や労働基準監督署に相談したり、弁護士や社会保険労務士に相談する方法もありますが、最近では地域ユニオンに相談することが増えているようです。地域ユニオンが労務問題の駆け込み寺のようになっています。

(2)　突然の団体交渉申入れ

　企業別組合からの団体交渉の申入れについては、その申入れが口頭であると書面であるとを問わず、ほとんどの場合、その申入れがいつ頃ありそうか、どのような内容の申入れなのか、組合側の開催希望の日時・場所等々について、企業側が事前に予想することが可能です。

　これに対し、地域ユニオンからの団体交渉の申入れについては、ほとんどの場合、企業側にとっては不意打ち的になされているようです。

　実際に経験された方々のお話では、ある日（早朝が多いようです）、突然、会社に見知らぬ人が何人も押し掛けて来て、一方的に労働組合加入通知書と

団体交渉申入書を渡され（これを長々と読む場合もあります）、団体交渉を開催するよう要求されます。場合によっては、「今から団体交渉をしろ」と要求される場合もあるそうです。

　したがって、地域ユニオンから事前に労働組合加入通知書や団体交渉申入書が送られてくることは少ない、と考えておいた方がよいと思います。

⑶　まず落ち着くこと

　地域ユニオンから突然団体交渉を申し入れられた場合、まず注意すべきことは、絶対にうろたえないことです。

　企業別組合がない企業や過去に団体交渉を1度も行ったことがない企業は、団体交渉の申入れに驚いて、理由がないのに地域ユニオンの要求をすぐにすべて受け入れたり、逆に、理由がないのに地域ユニオンの要求をすべて拒否したりすることがあります。または、理由がないのに団体交渉の申入れそのものを拒絶し続けることも考えられます。

　動揺しそうなときの必須の対処法は、どのような場合でも深呼吸です。まず落ち着いてください。

⑷　次に担当者を決める

　次に企業が行うべきことは、地域ユニオンとの「事務折衝」の担当部署あるいは担当者を決めることです。

　この場合の「事務折衝」は、団体交渉そのものではなく、団体交渉の前に行うもので、団体交渉の日時や場所、議題などについての打ち合わせを行うことです。社内に人事部・労務部・総務部がなければ、一般の取引の渉外担当者でもやむを得ないでしょう。

　なお、会社の代表者や地域ユニオンに加入した社員の上司はできるだけ避けた方がよいと思います。代表者は事務折衝の場で即決を求められることがあります。また、上司などの事件関係者は、後に会社から事実関係の調査を受ける立場となるため事務折衝には向いていないと考えます。

⑸ 交渉事項の検討

次に、事務折衝を担当する部署は、地域ユニオンがどのようなことについて交渉しようとしているのかを慎重に検討してください。

そして、会社がそのことについて検討するのにどの程度の時間を要するのか、会社内部で判断することが可能なのか否か（たとえば、法的な検討が必要であり、専門家の助言を受ける必要があるか否か）などについて判断し、地域ユニオンが希望する団体交渉の開催日時にどのような回答をすべきかを検討してください。

そして、決定した地域ユニオンへの回答案について、代表者または取締役会に諮ってください。

2　地域ユニオンの要求事項の特殊性

地域ユニオンからの要求事項は、ほとんどの場合、特定の社員（多くの場合、1人です）の個別の労務問題です。そして、特定の社員の個別の労務問題の中でも、さらに多くの場合は、解雇した社員、雇止めした社員、あるいは、自主退職した社員についての解雇問題・退職強要問題です。

したがって、地域ユニオンの要求事項は、解雇の撤回・雇止めの撤回・退職扱いの撤回などです。この他に、解雇の撤回などに加えて、その社員の未払い賃金を請求したり、慰謝料を請求してくることもあります。

地域ユニオンは、以上のような解雇の撤回や雇止めの撤回などを「すぐやれ」と要求してきます。地域ユニオンの要求は、ほとんどの場合、待ったなしです。

なお、以上の他に、地域ユニオンが、従業員全体に関する労働条件の問題、たとえば、サービス残業・長時間労働・管理職の範囲などを取り上げてくることもありますが、このような要求は、ほとんどの場合、上記の個別問題の交渉で自分達が優位に立つためのものと思われます。

3　使用者の団体交渉応諾義務について

　社員が１人しか加入していない地域ユニオンからの団体交渉の申入れであっても、その社員の労働条件や社員としての身分に関する申入れであれば、会社は団体交渉を行わなければなりません。

　ただし、会社のこの団体交渉応諾義務は、団体交渉を誠実に行わなければならない義務であって、地域ユニオンの要求を受け入れなければならない義務ではありません。

　問題となるのは、解雇した元社員が地域ユニオンに加入し、地域ユニオンがその解雇の撤回を求めて団体交渉の申入れをしてきた場合です。このような場合、「解雇したから、その者はすでに当社の社員ではない。したがって、当社には団体交渉を行う義務はない」と回答する会社があります。しかし、解雇の有効性そのものが争点となっている場合は、以上のような回答をしただけで団体交渉を拒否し続けると、以下に述べる「不当労働行為」に該当してしまうこともあります。以上のような場合は、会社側において、会社には団体交渉を行う義務がないこと、すなわち、その解雇が有効であることを積極的に地域ユニオンに説明することが求められます。

4　使用者が団体交渉を拒否した場合

　地域ユニオンから団体交渉の申入れがあった場合、それが地域ユニオンに加入した社員の労働条件や社員としての身分に関する申入れであった場合、会社が正当な理由なく団体交渉を拒否すると、会社のその拒否は、労働組合法７条２号の「使用者が雇用する労働者の代表者と団体交渉をすることを正当な理由がなくて拒むこと」に該当し、同法が禁止する「不当労働行為」になります。

　この場合、労働組合である地域ユニオンは、各都道府県の労働委員会に対し、会社の不当労働行為を止めさせ、会社に対し団体交渉に応ずるよう命じ

ることを求める申立てが可能となります。この申立てを「不当労働行為救済命令申立」といいます（労働組合法27条以下）（85頁の用語解説①参照）。

このほか、会社が労働組合に対し、不当労働行為に至ったことを謝罪し、今後は同じような不当労働行為はしない旨を掲示または書面で誓約すること（これをポスト・ノーティスといいます）を要求する申立ても可能です。

なお、会社の正当な理由のある団体交渉の拒否というものも理屈のうえでは考えられますが、地域ユニオンの団体交渉の申入れは、前記のとおり、個別具体的な労働問題に関するものがほとんどですので、通常は、準備のために猶予が欲しいといった回答が限界ではないかと思われます。

5　使用者が団体交渉を受け入れる場合

(1)　書面で回答すること

会社からの回答は必ず書面で行ってください（郵便のほか、メールやFAXでも構いませんが、FAXの場合は送信の時間を記録しておいてください）。

電話などの口頭の回答ですと、ごく稀に、行き違いが原因で、後で「言った、言わない」という問題になることがあります。

なお、団体交渉について会社側が書面で回答することは、初回の団体交渉のみならず、2回目以降の団体交渉でも必ず行ってください（団体交渉の中で次回の団体交渉の日程を決めた場合は別です）。

(2)　団体交渉の日時および時間

地域ユニオンの団体交渉申入書には、団体交渉の開催日時や場所が記載されています。開催日時は遅くても数日以内、開催場所は会社の会議室や地域ユニオンの事務所などが多いようです。

しかし、以上の記載はあくまで地域ユニオンの希望であって、団体交渉を申し入れられた会社が必ずそれに従わなければならないわけではありません。

前記のとおり、地域ユニオンの正当な団体交渉の申入れに対して、会社は誠実に対応する義務がありますが、交渉を行うための準備は必要であり、ま

た、業務に支障が出ないようにする必要もあります。このため、以下に述べるように、会社は可能な範囲で誠実に対応すればよいと思います。

　まず、会社の開催希望日は、ある程度の準備が可能で、業務に支障の出ない日を回答することになりますが、地域ユニオンの希望日から2週間以上先の日というのは、よほど特別な事情でもない限り、不誠実な対応といわざるを得ないと思います。

　次に、開催の時刻ですが、勤務時間外に設定しているケースが多いようです。地域ユニオンに加入した社員が団体交渉に出席する可能性が高いため、勤務時間中の組合活動を認めることにならないよう、勤務時間外の団体交渉にしているようです。これに対し、夕方以降の団体交渉はエンドレスになる可能性があるため、あえて午前中を指定する会社もあるようです。

　また、団体交渉がエンドレスになることを避けるため、団体交渉の時間を指定することも重要です（たとえば、「午後6時から2時間程度」といった回答）。実際に企業側は2時間程度を希望していることが多いようです。団体交渉は1回限りのものではありませんので（28頁参照）、事実関係が複雑な紛争でなければ、初回は2時間程度で構わないと思います。

(3)　団体交渉の場所

　次に、団体交渉は、多くの場合、会社の会議室で行われているようです。しかし、この場合はエンドレスになる可能性があります。また、大勢の組合員が会社に押し掛けて来て、その労務問題や団体交渉のことが社内に知れ渡るということも考えられます。

　これらを避けるため、近くの公共施設やビジネスホテルの会議室を借りる方法もあります。この場合、通常はその費用は会社負担にならざるを得ませんが、借りることができる時間が限定されていますので、エンドレスになる危険性は避けられます。また、会議室の広さから双方の出席者の人数も自ずと制限されることになります。

(4)　団体交渉の出席者

最後に、団体交渉の会社側の出席者ですが、地域ユニオン側の出席者は地域ユニオンが決めるように、会社側の出席者は会社が決めます。

会社側の出席者としては、事務折衝を担当した方、直属の上司など事実関係をよくご存じの方、および、会社の意思決定に関与する地位にある方（人事や総務担当の役員、人事部長、総務部長など）は必須です。

なお、地域ユニオンは会社の代表者の出席を求めることがありますが、会社の代表者が出席する場合は、地域ユニオンから即決・即答を求められることを覚悟してください。

(5)　事務折衝での交渉

以上のように、会社側の希望を地域ユニオンに伝えた場合、地域ユニオンが会社側の希望を拒否してくることも考えられます。

団体交渉そのものと同じように、団体交渉の日時や場所の交渉についても、会社は地域ユニオンと誠実に交渉する義務があります。しかし、団体交渉の日時や場所についての会社の希望が正当なものであれば、会社には地域ユニオンの要求を受け入れなければならない義務はありません。

（廣上精一）

Ⅳ　地域ユニオンとの団体交渉での注意点

1　大きな声に驚かないこと

⑴　団体交渉は荒れる？

　地域ユニオンとの団体交渉を初めて行うとき、まず会社の担当者が驚かれるのが、地域ユニオンとの団体交渉の独特の雰囲気でしょう。地域ユニオンの交渉担当者は、大きな声で怒鳴り、非常に失礼な言動をすることがあります。時には机をバンバン叩いたりもします。交渉担当者以外にも、地域ユニオン側の参加者が周りからヤジを飛ばすこともあります。さながら荒れた国会中継のような雰囲気になってしまうことさえあります。

　穏やかで紳士的な交渉をする地域ユニオンも少なからずあるのですが、このように荒っぽい交渉を行う地域ユニオンが少なくないことは念頭においておくべきでしょう。地域ユニオンは、ある特定の問題のみに関与する労働組合であり、その団体交渉において一定の成果を出そうとしています。会社との関係も継続的ではなく、その問題限りですので、関係が悪化することも気にしません。ですから、企業別組合との団体交渉に比べて、地域ユニオンとの団体交渉は過激になりがちです。

　団体交渉に慣れていない（大抵の）会社は、この団体交渉の雰囲気にのまれてしまい、交渉の続行が嫌になって、地域ユニオンの主張するとおりに交渉を妥結してしまうことが少なくありません。それが地域ユニオンの狙いでもあります。これが会社にとって望ましい結果ではないことは言うまでもありません。

⑵　とにかく大声に驚かないこと

　ですから、会社の担当者としては、団体交渉がこういった場であることを

予め想定しておき、団体交渉の場で大声や怒声・罵声を浴びせられても動じないことが重要です。何回か団体交渉を経験すればだんだん慣れてきますので、最初はとにかく「腹を据えて」団体交渉に臨みましょう。

(3) 団体交渉が荒れるのを防ぐには

確かに、地域ユニオンとの団体交渉は利害が鮮明に対立する交渉ですので、エキサイトしやすいという側面は否めず、多少声が大きくなることは避けられません。

しかし、あくまで行うのは交渉であって、誹謗中傷や暴言を言い合うのが目的ではありません。交渉の実質が損なわれるようでは、何のために集まっているのかわかりません。

そこで、もし地域ユニオンの交渉者が大声を出して威嚇的態度を取るのを止めないようなら、たとえば「声が大きいようなので、もう少し普通に話しませんか」、「もし大声を出すのを止められないようなら、話し合いになりませんので、本日の交渉は中止しましょう」と言うなどして、交渉の中断を示唆することも考えられてよいと思われます。それで地域ユニオン側の態度が改まらないようであれば、本当に団体交渉を中止せざるを得ません。

この点、菅野和夫『労働法〔第12版〕』911頁〜912頁も「吊し上げ、暴行、脅迫、監禁などは、団体交渉権とは無縁である。したがって、団体交渉が社会的相当性を超えてそのような態様に至った場合には、使用者はその場で団体交渉を打ち切ることも許される。また、労働組合が使用者側の者に対し暴力的行動を繰り返し、将来行われる交渉の場でも同様の行動の蓋然性が高い場合には、使用者は組合が暴力的行動をしない旨を約束しないかぎり交渉に応じないとの態度をとることができる」としており、実務上参考にすべきと思われます。

2 団体交渉の録音について

企業別組合との団体交渉の場合は、既に手続に関するルールが確立してい

て、団体交渉において録音が可能か否かも決まっていることでしょう。

　これに対し、地域ユニオンとの団体交渉は、ある日突然、地域ユニオンから申し込まれることがほとんどですので、最初が肝心です。

　地域ユニオンとの間で団体交渉の手続に関する事務折衝が行われることは稀なことと思われますが、仮に事前折衝において地域ユニオン側から録音のことを問われたら、会社側の担当者は躊躇することなく「当方は録音します」と答えてください。

　ほとんどの場合は、事前折衝がないまま団体交渉を迎えることになると思いますが、会社側の出席者は当然のようにテーブルの上にICレコーダーを置いておいてください。そして、団体交渉が始まったら、当然のように録音を開始してください。

　この場合、地域ユニオンから録音についてクレームがつく可能性があります。その場合は地域ユニオンにクレームの理由をただしてください。「自由な発言ができなくなる」などのとても正当な理由とは思われない回答であれば、そのまま録音を続けて構いません（一般に、団体交渉の録音に障害となるようなことはないと思います）。

　以上のようなことで、地域ユニオンの方も録音をするということになれば、後で「言った、言わない」といった不毛な議論をしないで済みます。

　なお、地域ユニオンから、それぞれの録音内容の確認を求められても、受ける必要はありません。それぞれの記録のための録音なので、それぞれが自己の録音を確認するだけで十分ですので、そのように回答してください。

　以上のように、団体交渉の内容を録音することは、少なくとも会社側にとっては必須のことです。もちろん、正確な内容を記録しておくことは何よりも大事なことですが、それと併せて、目の前で録音されているということが、団体交渉の出席者に対して抑止の力を発揮するものと思われます。双方とも、無用な発言・乱暴な発言・過激な発言・暴言などを控え、紳士的かつ建設的な話し合いが実現するものと思われます。

3　地域ユニオンの要求事項・主張事項を確認すること

(1)　要求事項や主張事項を確認しておく

団体交渉前の準備として大事なことは、地域ユニオンの要求事項を確認しておくことです。

もし要求事項を確認しないまま団体交渉に臨んでしまうと、団体交渉の席で聞かれたことに十分に答えられず、地域ユニオンの交渉担当者から、「そんなこともわからないのか！」、「わかる者を出席させろ！」などと言われ、議論が紛糾してしまいます。

また、要求事項を確認したつもりでも不正確に理解していたりすると、回答が不正確になったり、余計なことまで答え過ぎて交渉が不利になることがあります。

(2)　要求事項を確認するためにすべきこと

地域ユニオンの要求事項は、団体交渉申入書や加入通知書といった書面で明らかにされているのが通常です。ですから、それらの申入書や通知書をよく読んで、地域ユニオンの要求事項をまず確認することが必要です。たとえば、解雇事件であれば、「○○組合員の解雇撤回について」などと記されていることが多いでしょうし、残業代を請求する事件であれば、「○○組合員の時間外労働に関する未払い賃金の支払いについて」などと記されていることが多いでしょう。

そのうえで、第1回団体交渉までに、その社員の労務問題や不満について、社内調査を行い、その社員がどういう不満をもっているかを把握しておくことが必要です。

(3)　要求事項が不明な場合

しかし、こういった書面で要求事項が明らかになっていない場合もあります。また、誰が労働組合員かを把握しきれない（書面に名前が出ている者を除

いて、誰が地域ユニオンに参加しているかわからないなど）場合もあります。そのような場合には、事前に問題点をすべて把握することができないのは仕方ありません。

　このような場合、第1回団体交渉が情報収集の場となります。団体交渉の席では、誰の、どのような労務問題が争点になっているのかを把握することに努めなければなりません。地域ユニオン側の出席者、特に、地域ユニオンを代表して発言する者（多くは執行委員長や書記長）の発言、それと、当該社員（当該元社員）の発言はよく聞いてください。

　そのうえで、会社側の回答は、要求事項そのものや、地域ユニオンの発言の趣旨などをよく理解してから検討することになります。それらの発言の趣旨がわからなければ、それぞれの発言の後、その都度、恐れずに発言の趣旨を確認してください。決して、発言の趣旨がわからないうちに回答しないでください。

4　必要最小限の回答に留めること

(1)　答え過ぎは禁物

　団体交渉においては、回答を必要最小限に留めることが必要です。なぜなら、必要「以上」に余計なことを回答してしまうと、あげ足をとられたり、前後の発言と矛盾したりして、交渉が不利になってしまう可能性があるからです。ただし、地域ユニオンが事実と異なることを主張したときは、事実と異なる旨をすぐその場で指摘しておきましょう。

(2)　誠実交渉義務との関係

　いうまでもなく、会社は誠実に団体交渉を行う必要があります。菅野和夫『労働法〔第12版〕』906頁を引用すると、会社は、「たんに組合の要求や主張を聴くだけでなく、それら要求や主張に対しその具体性や追求の程度に応じた回答や主張をなし、必要によっては、それらにつき論拠を示したり、必要な資料を提示したりする義務がある」とされています。

　しかし、ここにいう「その具体性や追求の程度に応じた回答や主張」というのは、まさに地域ユニオンの質問に必要な範囲で回答すればよいのです。必要以上に詳しく回答することは決して求められていません。まして、地域ユニオンや社員が納得する答えをしなければならないものでは決してありません。

　(3)　答え過ぎないためには

　団体交渉において会社が必要「以上」に回答し過ぎないために、以下の点に留意してください。

　①　まず、相手の話をよく聞きましょう。

　②　そして、質問の意味を十分に理解してから、その質問に必要な範囲で答えるのが重要です。

　③　質問の内容が把握できない場合には、必ず聞き返してください。決して、質問の意味をよく理解しないまま回答しないようにしてください。

　④　回答は端的に、短く答えるのが鉄則です。少し言い足りないかなと思う程度がちょうどよいでしょう。もし回答が不足していれば、組合側からさらに再質問があるのが通常です。

　(4)　勝ち負けを決める場ではない

　会社側の出席者は、団体交渉は、「勝ち負けを決める場ではないということと」を念頭におかなければなりません。

　団体交渉に慣れていない人は、団体交渉で地域ユニオンに「言い勝とう」としてしまいがちです。団体交渉は大声が飛び交うことすらある場ですので、つい熱くなってしまう人は気をつけなければなりません。特に、中小企業の経営者が自ら団体交渉に臨む場合は要注意です。自分の会社に外部からあれこれ言われて腹が立つのはわかるのですが、団体交渉において地域ユニオンに言い勝っても何もいいことはありませんし、そもそも地域ユニオンの出席者は百戦錬磨ですので、なかなか言い勝つことはできません。何より団体交渉の目的は地域ユニオンをやっつけることではありません。団体交渉の目的

は、主題となっている問題を解決することにあるのです。

　ですから、多少悔しい思いをしても、いちいち気にせず、問題をどう解決するかに集中しなければなりません。

(5)　議論の場ではない

　同じく、「議論の場ではない」ことも念頭におかなければなりません。

　地域ユニオン側の出席者の言うことに、すべて反論する必要はありません。議論で勝つことが目的ではありませんので、必要な反論以外は黙っておけばよいのです。大事なのは、解決すべき問題をどう解決するかなのです。

5　情報・資料は必要最小限の開示に留めること

(1)　情報開示・資料の提出

　地域ユニオンは、外部の労働組合ですので、会社のことについて、いろいろ質問をしてくることがあります。会社に関する情報（会社の規模・人員数・支店や営業所の数や場所・経営状態・業績・売上・利益等々）、他の社員に関する情報（賃金やその他の労働条件）、さらには企業別組合についても、情報の開示や資料の提出を求めてくることがあります。

(2)　開示要求の理由・目的

　この場合は、まず、地域ユニオン側の開示要求の理由および目的が、正当かつ理由のあるものなのか否かを検討する必要があります。

　また、開示・提出要求のあった情報・資料が特定されているか否かも重要です。漠然とした要求の場合は、そのこと自体で拒否することも可能だと思います。

(3)　開示可能かどうか

　次に、対象となった情報や資料が第三者に開示しうるものなのか否かの検討が必要です。そもそも営業秘密に属するものであったり、個人情報が含まれており、情報提供者の同意が必要な場合は開示を拒否するか、秘密・個人情報部分をマスキングしたうえで開示するなどの工夫も必要でしょう。

⑷　要求事項との関係

　仮に開示しうるものだとしても、要求事項と関係のあるものなのか否かを検討する必要があります。当然ながら無関係な情報や余分な情報は開示する必要はありません。

⑸　開示や提出の方法

　以上の検討で開示や提出を決めた場合でも、開示や提出の方法も必要最小限にすべきです。たとえば、就業規則の開示を求められた場合、当該社員に閲覧させることで足りることもあり、必要な条項だけをコピーするという方法も考えられます。

6　繰り返しや沈黙を恐れないこと

⑴　同じことを何度も聞かれる？

　地域ユニオンは、同じようなことを聞き方を変えて、または聞き方すら変えずに何度も聞き直して、望みどおりの答えを引き出そうとすることがあります。時には時間をおいて同じことを再度質問することもあります。会社側にとって嫌な質問ほど繰り返し聞かれると思っておいた方がよいでしょう。

　ごく普通の会話においては、同じことを繰り返し答えることはよくないと思われています。ですから団体交渉でもよほど意識していないと、聞かれるたびに違う答えをしなければならないと思って余計なことを発言してしまい、前の発言と矛盾していると指摘されたり、地域ユニオンが望んだとおりの回答をしてしまったりして、交渉を不利にしてしまうことがあります。

⑵　繰り返しを恐れない

　団体交渉は、普通の会話とは違います。ですから、同じ質問に対しては、同じ答えを繰り返して返答するのがコツです。何度も同じことを繰り返すことを恐れないでください。同じことを繰り返すかぎりは、余計なことを言う心配はないですし、矛盾することもありません。

　地域ユニオンから、「さっきから同じことしか言っていないじゃないか！」

などと野次られても、動じてはいけません。同じ質問に対しては同じ答えでよいのです。

(3)　沈黙を恐れない

　会話が続いているときに、突然話が途切れてしまったら、どうするでしょうか。普通の人は、会話を途切れさせないために、何か話をしようとします。

　地域ユニオンも、会社から話を引き出そうとする場合、この沈黙をうまく利用することがあります。たとえば会社側が何か答えた後、地域ユニオンは次の言葉を発せず、黙って会社の話を促したりします。そのようなとき、会社側は、つい何か（余計なことを）話してしまいがちです。

　世間では「沈黙は金、雄弁は銀、饒舌は銅」というそうです。少なくとも団体交渉においてはこのとおりだと思われます。沈黙を恐れず、話に間がぽっかりと空いたとしても平気な顔をしていてください。不要な発言は厳に慎むべきです。

（大山圭介）

V　地域ユニオンとの団体交渉を終えるときの注意点

1　複数回の団体交渉を行う必要があること

(1)　会社の方針を迅速に決定することが重要

　企業別組合の場合、会社に対する要求事項は、月例賃金の引上げ、労働時間の短縮、休日の増加、その他基本的な労働条件の向上など、短期間の交渉では結論が出ないものが多く、年度をまたいでの継続交渉案件になることもしばしばあります。

　しかし、前記のとおり、地域ユニオンの要求事項は、特定の社員に対する解雇や雇止めといった雇用終了に関する処分の撤回や金銭解決の要求であったり、退職強要の禁止や退職強要を理由とする損害賠償請求など、その特定の社員にとって時間的にも精神的にも切迫した問題である場合が多いというのが実状です。したがって、企業別組合との団体交渉事項のような、継続交渉案件は基本的にはなく、1年も2年も回答や結論を先送りするような議題が問題になることはほとんどないと考えて差し支えありません（なお、地域ユニオンの要求事項が離職案件ではない場合には、地域ユニオン加入の社員がそのまま会社に残ることになり、地域ユニオンからの賃上げ要求等の春闘等の対応をしなければならない事態が生じることもあります）。

　地域ユニオンからの要求事項が上記のようなものであることから、会社としては、要求の全部または一部を受け入れるか、全く受け入れないかなど、団体交渉の申入書を受け取った段階から速やかに検討を開始し、1回目の団体交渉に臨む段階では、会社の方針や方向性について何らかの判断・決定をしておく必要があります。さらに、地域ユニオンが主張する具体的な事実関係について会社が確認していない状況では難しいことかもしれませんが、可

能な範囲で、会社としての最終的な見通し、譲歩レベルの想定（解決の時期や落としどころなどを含め）、さらには、最悪の見通しについてまで考えておくことが望ましく、何パターンかの想定をしておくことでもよいので、社内での検討をしておくべきです。それによって、団体交渉での会社担当者の発言や対応等が異なってくることになりますので、この想定というものは非常に重要となってきます。

　このような準備をせず、１回目の団体交渉において、まずは、地域ユニオンの具体的な事実に関する主張やより詳細な要求内容等を確認してから会社方針を検討しようと考え、準備不足のまま交渉に臨みますと、交渉のプロである地域ユニオンに終始主導権を握られ、会社としての方針さえも立てられなくなってしまいかねません。そのような状況になってしまいますと、本来であれば解決できる事案さえも解決できず、大きな紛争に至ってしまうこともありますので、注意していただきたいところです。

　地域ユニオンの要求や主張等の見当がつかず、会社の検討が進まないようであれば、事前に会社から地域ユニオンに対して、団体交渉において協議の対象となる具体的な内容等を明らかにしてもらいたい旨の「質問書」を出すことも検討すべきです（なお、この質問書によるやり取りにより、一定程度会社にも時間的な猶予が生まれるという利点もあります）。

　以上のように、地域ユニオンとの団体交渉は、同じ法律の保護を受ける労働組合であるにもかかわらず、企業別組合への対応とは異なる様相を呈しますが、会社としては、「こういうものである」と割り切って、団体交渉の申入書を受領した直後から覚悟して対応しはじめる必要があるということをご理解ください。

(2)　１回のみの団体交渉では解決は難しいと覚悟しておくこと

　前述のとおり、地域ユニオンも労働組合ですので、団体交渉権が保障されており、会社には団体交渉応諾義務および誠実交渉義務が生じることになります。

　そうなりますと、会社としては、地域ユニオンとの団体交渉を何回すれば誠実交渉義務違反を問われないのかが気になるところです。しかし、そのようなことは法律にも定めはなく、裁判所も明確な基準等を示さず、ケース・バイ・ケースで、団体交渉の回数や時間は誠実な交渉といえるか否かの判断材料の1つであって、交渉内容や会社の交渉態度等を総合考慮して判断しています（なお、誠実交渉義務違反とならない団体交渉の打切りなどについては、後述5を参照してください）。

　地域ユニオンは、特定の社員に対する解雇や雇止めといった雇用終了や退職強要の禁止や退職強要を理由とする損害賠償請求など、社員にとって時間的にも精神的にも切迫した問題等を要求事項として掲げることが多い実状からしますと、1回の団体交渉で解決に至ることは基本的にないと思います。また、1回で団体交渉を打ち切ることは誠実交渉義務違反（労働組合法7条2号が定める不当労働行為）と判断されることは確実です。そのため、地域ユニオンから団体交渉の申入書が届いた場合には、少なくとも、数回の団体交渉を実施する必要があることを覚悟し、そのための準備をすべきです。

　また、地域ユニオンは、前述のとおり、切迫した問題を要求事項に掲げることが多いことから、短期間のうちに、次々と団体交渉の実施を会社に要求してくることがあります。しかし、会社側の団体交渉出席メンバーの中には取締役や執行役員が入っていることが多いことから、団体交渉の日程調整等が難しく、地域ユニオンからの要求があったとしても、頻繁に団体交渉に応じることができないことも多いのが実状です。そのような場合には、地域ユニオンとの間において、書面や電話でのやり取りを行ったり、さらには、論点を整理したり、地域ユニオンの本音等を探ることにも役立つ事務折衝（法的には、原則として団体交渉のルールの適用を受けることになりますが、多様な形態があり、団体交渉の直接の対象となっている社員が出席しなかったり、会社および地域ユニオンともに団体交渉出席者のうちの数名のみが出席したりするなど小規模な折衝・交渉となるのが一般的です）などを利用して、交渉を進めて

いくという方法も検討していく必要があります。ただし、事前の準備ができていない状況で、事務折衝に応じることは避けなければならないことは、団体交渉と同様です。

2　次回の団体交渉の日程を決めるか否かは慎重に

(1)　第１回団体交渉終了に際して

　上記のとおり、地域ユニオンとの団体交渉事項は、特定の社員に関する雇用問題等の切迫した労務問題となることが多く、団体交渉が１回のみで終わることはまずありません。そのため、１回目の団体交渉が終わりに差しかかると、地域ユニオンの方から２回目の団体交渉の日程調整の話が出るのが一般的です。

　１回目の団体交渉の終了時においては、次回までに会社側が検討すべき事項はかなり多いものと思われますが、その時点では調査や社内協議および調整等にどの程度時間を要するのかなど予測がつかないことの方が一般的です。この点は、いかに事前準備をしたうえで団体交渉に臨んでいたとしても同様であり、地域ユニオンという交渉のプロが相手ですので、１回目の団体交渉において、会社の想定の範囲内の事象のみで済むことは少ないはずです。また、それまで地域ユニオンとの交渉等を行った経験がない会社でしたら、社内調整や検討にも相応の時間がかかることは必至ですので、なおさら、慎重になる必要があります。そのため、地域ユニオンから「本日要求した資料と質問や要求に対する会社見解については１週間後までに送ってもらい、その１週間後に次回の団体交渉を実施することにしたい。労働組合との交渉とはそういうものだ！」などと一方的に期限の設定や次回の団体交渉の日程等を指定されたとしても、それに会社が従わなければならない法的義務はなく、会社は慎重に対応する必要があります。

　したがって、１回目の団体交渉の終了時において、次回の団体交渉までに、会社側に検討すべき事項が多い場合には、当該団体交渉の席上で次回交渉の

日時を確定させるのはあまり得策ではなく、「どの程度時間を要するか不確定なため、社内に持ち帰り、検討したうえで追って連絡する」という形をとっておいた方がよいと思います。

　会社がこのような回答をした場合、地域ユニオンから、「切迫した状況にある労働者のことを考えろ！」、「時間稼ぎ、引き延ばしをするな！」、「そのような態度は不誠実団交に該当し、不当労働行為であって、法律違反であるから訴える！」（この場合の不当労働行為に関する根拠条文は、労働組合法7条2号になります）などと声を荒らげて追及されることがあります。しかし、会社も組織であり、誠実かつ慎重に検討するためには、そのための準備や調整等が必要であり、一定程度の時間を確保することは必須となります。それ故、会社としては、上記のような指摘を受けた場合であっても、再度、地域ユニオンに対して理解を求めるべきです。いかに地域ユニオンが同法の規定によって保護されているとはいえ、団体交渉はその名のとおり、あくまで「交渉事」であって、会社が地域ユニオンの主張等をすべて受諾する義務や従う必要もなく、さらには、地域ユニオンの意に沿うような形で譲歩する義務はありません。上記のとおり、会社としては、準備が不十分・中途半端な状況で団体交渉に臨むことは厳に慎むべきであり、それによって、地域ユニオンにつけ込まれる隙を与えてしまうなどして、解決できる事案も解決できなくなり、会社の利益に反することにつながることもありますので、要注意です。

　ただ、会社は、一定程度の時間を確保することが必要であったとしても、地域ユニオンからの要求事項の切迫性等を考慮した場合には、たとえば1回目の団体交渉実施から1カ月もの間地域ユニオンに何らの連絡も入れないといった対応は控えるべきであり、会社としても、できるかぎり速やかな対応を心掛ける必要があります。もっとも、真に検討や調査等に時間を要する場合には、その旨を地域ユニオンに率直に伝え、理解を求める対応をすれば足ります。

⑵　第２回以降の団体交渉の終了に際して

　基本的に、地域ユニオンとの団体交渉が１回で終わることがないことについては先に指摘しましたが、団体交渉の回数を闇雲に何回も重ねたり、１回当たりの団体交渉の実施時間を長時間かけたりすれば、問題が解決したり、または、解決に近づくといった性質の問題でもありません。会社が地域ユニオンとの団体交渉を何回重ねても一向に交渉が進まず、解決に向かわないこともあり、交渉が行き詰ることもあります（このような状況のことを「デッドロック」といったりします）。このようなことは、会社に譲歩する義務がないのと同様に、地域ユニオンにもそのような義務がないことから必然的に生じる状況であって、ある程度は覚悟のうえ、仕方のないことであると割り切って考えるしかなく、ある意味、忍耐力の勝負（根比べ）になることもあります。

　２回目以降の団体交渉の終了時にも、地域ユニオンから、その次の団体交渉についての話がもち出されることが多いのですが、１回目の団体交渉に関して指摘した点に加え、交渉が行き詰まっているような場合には、後述する団体交渉の打切りを含め、交渉決裂の可能性もあることを念頭におく必要が生じます。そのため、会社としては、漫然と、地域ユニオンに対し、次の団体交渉に応じること、応じる可能性が高いことなどを表明することがないように注意する必要があります。これに対し、会社側や地域ユニオン側に団体交渉事項にかかわる争点についての具体的な主張や裏付けの資料が出揃っていない場合、また、労使双方の譲歩によって解決に向けた歩み寄りの可能性がある場合は、次回の団体交渉を行い、交渉を進めていくべきでしょう。その場合には、前述２⑴で指摘したような対応をしていくことになります。

⑶　日程調整の連絡に際してはいくつか候補日を用意する

　団体交渉の日程調整については、地域ユニオンの内部（執行委員や団体交渉の出席メンバー）でも日程調整をする必要がありますので、会社が希望する日時につき、いくつか候補日を設定のうえ、地域ユニオンに対して書面

（FAX による対応が一般的です）による連絡をするという方法が一般的です。その他日程調整等に関する諸注意事項等については、Ⅲ5（15頁）を参照してください。

3　妥結する場合の基本的な注意点

⑴　妥結する場合の基本的な考慮要素

　地域ユニオンとの交渉は、あくまで「交渉事」ですので、会社にとって有利な内容や想定の範囲内の内容で妥結することばかりではありません。前述1⑴のとおり、会社としては、地域ユニオンからの団体交渉の申入書を受け取った段階から、和解（妥結）する場合のことなども含め、様々な検討をしたうえで、方針を決めて団体交渉等に臨んでいるはずです。そのような中、会社が地域ユニオンとの間で最終的に和解（妥結）を成立させるか否かの検討に当たっては、その長所と短所を検討しておく必要があります。地域ユニオンとの和解（妥結）に関する長所と短所について、以下に3点ずつ挙げてみましたので、参考にしてください。

⒜　主な長所

　①　裁判所や労働委員会などの公的機関における法的紛争に至らず、また、都道府県労働委員会、中央労働委員会、さらに、地方裁判所、高等裁判所および最高裁判所といった長期の係争に入らず、早期の終局的解決となること。

　なお、地域ユニオンが支援する労働事件の場合、最高裁判所まで争って会社が勝訴した場合であっても、地域ユニオンその他支援者による街宣や情宣活動が収まらないことも多いのが実状です。

　②　会社側に不利な内容があった場合でも、勝ち負けの点はおいて、一定程度柔軟かつ体面を保てる解決ができること。

労働関連法規は労働者保護のための条文が多く、通常の民事訴訟に比べて、労働事件では会社が敗訴するリスクが大きいというのが実状です。

> ③　和解による解決の場合には、地域ユニオンおよび加入社員との間においても禍根を残さず、その後の街宣や情宣活動もほとんどないこと。

ただし、短所の箇所で指摘しますが、解決時点では解決を知らせる情宣が出されることにはなります。

(B)　**主な短所**

> ①　地域ユニオンの圧力に会社が屈したとの印象を他の社員に与えることがあること。

特に、妥結後に地域ユニオンから「勝利的和解！」といった内容の情宣が出ることが多いことが挙げられます。

> ②　会社が当初想定していた以上の譲歩をする必要が生じること。

妥結の最終局面において、地域ユニオンから最後の提示があり、その内容に会社が応じるか否かを決めることが多いのが実状です。

> ③　和解（妥結）の内容によっては、地域ユニオンに加入していない他の社員（以下「他の社員」といいます）に影響を及ぼす可能性があること。

未払い残業代問題や同様の状況におかれていた期間雇用社員の雇止めに関しての対応等については、慎重な判断が必要になります。その他後述(3)を参照してください。

(2)　**他の社員に影響を及ぼす可能性がない場合**

地域ユニオンからの要求事項および交渉内容が、特定の社員の個人的な労働条件についてのみとなっており、最終的に妥結する場合であっても、その

妥結内容が他の社員に関係しうるものなのか否かについては、慎重に検討する必要があります。

　上記の主な短所のうち、会社が最も気になるのは上記の①の短所ではないかと思います。他の社員に対し、会社の行為が違法だったのではないかとの印象を与え、今後の労務施策に悪影響が生じる可能性があります。このような短所を完全に拭い去る手立てはないのですが、少しでもその印象を和らげる手法として、妥結の書面（協定書）の表現内容を対等のものにするなど工夫すること、妥結時期を年末、年度末等にもっていき、次の年や次の年度にもち越さないように対応した形をとることなどが挙げられます（いかにも日本的ですが、「よい正月を迎えましょう」、「争い事は新しい年や新しい年度にはもち越さないようにしましょう」といった感覚です。実際に、労働事件の裁判における和解の成立時期としては、12月や3月が多いようです）。さらに、協定書に定める守秘義務条項の内容次第ということもありますが、地域ユニオンとの交渉等が他の社員にも周知の事実となり、気掛かり事項となっているような場合には、妥結直後に、会社から社員向けの業務連絡等を発信して、地域ユニオンとの交渉や妥結に至る簡単な経緯等を説明する対応をとる場合もあります（このような対応をすることを念頭におく場合には、協定書に定める守秘義務条項の対象事項を、本件に至る経緯や本件全般とすることは得策ではありません）。

　なお、上記の主な短所のうち、②については、交渉事にはつきもののリスク・短所ということになりますので、この点が足柳（あしかせ）となって妥結に至らないということはあまりないのではないかと思います。

(3)　他の社員に影響を及ぼす可能性がある場合

　上記の主な短所のうち、③についてですが、未払い残業代や期間雇用社員の雇止めに関して地域ユニオンと妥結する場合には、後述する労働協約の一般的拘束力（38頁参照）が及ばなくとも、事実上、同様の状況におかれていた他の社員に対しても大きな影響を及ぼす可能性が生じますので、その影響

度合いを見極めつつ、妥結するか否かを決めていくべきです。

　また、妥結事項が休日や休暇の増加、労働時間の短縮等社員の一般的な労働条件に関する場合は、企業別組合（企業別組合がない場合には、労働者代表者）との間においても並行して協議し、地域ユニオンと妥結する前に、企業別組合と妥結しておく必要があります。地域ユニオンに加入する社員は1人ないしは数名程度であることが多いのに対し、企業別組合には社員の大半が加入していることから、今後の労務管理の関係を考える必要があり、そのためには、上記のような順序で妥結することが必須となります。

(4)　地域ユニオンを飛び越えて組合員個人と個別合意をしないこと

　地域ユニオンとの団体交渉を経験したことがない会社の場合、団体交渉とはいえ、個人の問題についての交渉をしていることから、会社としては、最終的には、社員本人と契約書を取り交わせばよいと思ってしまっていることもあるようです。また、会社としては、会社と直接関係のない存在と考えている地域ユニオンとの間において社長印を押した書面を取り交わすことにつき、少なからず抵抗を感じてしまう心情になることもあるようです。

　しかし、会社が地域ユニオンを通さず、個別に社員と交渉を行って、社員個人との間で和解（妥結）することは、労働組合に対する支配介入（労働組合法7条3号が定める不当労働行為）に該当することになります。さらに、地域ユニオンとしても、自らを飛び越えて勝手に個別に社員と交渉をしたということになれば、会社に対して激烈な抗議や街宣行動に出ざるを得ない状況になってしまいますので、そのようなことにならないよう注意する必要があります。

　稀にですが、地域ユニオンと社員の主張や要求レベル等に温度差がある場合には、当該社員から会社に対して、地域ユニオンから脱退したので個別に和解（妥結）して欲しいなどと申し出てくることがあります。しかし、会社としては、当該社員の発言を安易に信じることは避けるべきで、少なくとも脱退届の写しの提供を求めたうえで、当該社員との合意書面の中においても、

当該社員からの申し出があったこと、また、地域ユニオンを脱退した日付等も記載しておく必要があります。

なお、そもそもこのような事態が生じることは稀ですし、地域ユニオンからすれば、会社が脱退するように唆したと考えるのが当然のことであって、結局、支配介入という不当労働行為の問題が生じてしまいますので、会社としても、地域ユニオンに加入した社員との直接の交渉には相当に慎重な対応をする必要があります。

4　妥結する場合の書面化の基本的な注意点

(1)　労使の合意書面は労働協約となる

地域ユニオンとの交渉が妥結に至った場合には、ほとんどの場合、その合意内容を書面に取りまとめることになります。通常の紛争の場合、合意内容の書面による取交しは、契約書となる場合がほとんどだと思いますが、地域ユニオンとの書面の取交しについては、労働組合法14条の要件を満たすと、その書面は「労働協約」となり、労働組合法が定める特別な効力が生ずることになります。また、たとえ、書面の表題が「労働協約」ではなく、「協定書」、「和解書」、「確認書」、「合意書」、「覚書」といったものであっても、また、表題が全くなかったとしても、同様に労働協約の効力が生じることになりますので、注意が必要です。

労働組合法14条（労働協約の効力の発生）

　労働組合と使用者又はその団体との間の労働条件その他に関する労働協約は、書面に作成し、両当事者が署名し、又は記名押印^(注)することによってその効力を生ずる。

（注）　書類等に作成者を明らかにする等のため氏名を記載し、印章を押すことをいいます。記名については、他人が書いてもよいし、印刷でもよいとされています（法令用語研究会編『有斐閣法律用語辞典〔第5版〕』196頁）。なお、両当事者の名称と締結権限を有する者の名称を記載するのが通常ですが、会社および地域ユニオン名のみであっても記名としては有効です。

(2)　労働協約の法的効力

　労働協約は会社と労働組合との間の一種の契約ですが、労働組合法は労働協約に単なる契約とは異なる法的効力を与えています（同法16条以下）。

　しかし、地域ユニオンの要求事項の多くには、上記のとおり、特定の社員（元社員）に関する問題ですので、その場合は地域ユニオンとの合意に関して労働組合法上の特別な効力が問題になることはあまりないと思います。しかし、離職案件ではない場合には、妥結した後でも地域ユニオンに加入した社員が会社に残り、そのことによって労働組合法上の特別な効力が問題になることもありますので、念のため、ごく簡単に労働協約の法的効力について説明しておきます。

　労働協約の定めの中には、組合員の労働条件その他の待遇に関する基準について定めた部分と、労使関係上のルール等について定めた部分（団体交渉のルール、組合事務所や掲示板の貸与等）があります。そして、前者については、労働協約の特別な効力である規範的効力が及びます（労働組合法16条）。具体的には、労働協約に社員の最低月額基本給を18万円とする定めがある場合には、地域ユニオンに加入している社員が会社との間で個別に月額基本給を16万円とすることに合意したとしても、その個別合意は無効となり（この効力を規範的効力のうちの強行的効力といいます）、労働協約で定めている基準である18万円が月額基本給になります（この効力を規範的効力のうちの直律的効力といいます）。

　また、労働協約は、締結当事者となった労働組合の組合員にのみ及ぶのが原則となります。しかし、一定の要件を満たした場合には、例外的に労働協約の規範的効力が組合員以外にも及ぶことがあり、その効力のことを一般的拘束力と呼んでいます（労働組合法17条および18条）。このうち、同法17条が定める一般的拘束力とは、ある事業場で同種の労働者の4分の3以上が加入している労働組合が締結している労働協約は、残りの組合員ではない同種の労働者にも強制的に適用される効力のことです。

　労働協約には、以上のような特別な効力が与えられ、地域ユニオンとの間での書面の取交しも、上記の労働組合法14条に定める要件を満たせば、同様に特別な効力が与えられることにはなりますが、地域ユニオンに加入する社員はほとんどの場合、ごくわずかですので、この特別な効力が適用される場面はほとんどないように思われます。

(3)　具体的な書面の取交し内容〜サンプルを基にした解説〜

【書式】解雇事案に関するサンプル協定書

確　認　書

　○○○○地域ユニオン（以下「甲」という）、同組合員○○○○（以下「乙」という）、及び株式会社○○○○（以下「丙」という）は、乙と丙に関わる離職及びその他雇用関係に関する一切の件（以下「本件」という）に関し、以下のとおり合意したことを相互に確認した。

1　甲、乙及び丙は、乙が令和○○年○○月○○日付で丙を会社都合退職したことを相互に確認する。

2　丙は、乙に対し、本件解決金として金○○○万円を令和○○年○○月○○日限り、甲及び乙が指定した○○○○銀行○○支店の「○○○○○○」名義の○○預金口座（口座番号○○○○○○○）に振り込む方法により支払う。なお、振込手数料は、丙の負担とする。

3　今後、甲及び乙は、丙の事業活動に不利益となる言動を行わず、丙は、乙の再就職活動に不利益となる言動を行わないものとし、甲、乙及び丙は、その手段を問わず、互いに誹謗中傷しないことを約束する。

4　甲、乙及び丙は、本確認書の記載内容を厳格に秘密として保持し、その理由の如何を問わず、また、その相手方の如何にかかわらず、一切開示又は漏洩しないことを約束する。

5　甲、乙及び丙は、本件に関し、甲と丙（丙の関連会社及び丙とその関連会社の役員、従業員を含む。以下同様とする）及び乙と丙との間には、本確認書に定めるもののほか、乙が離職後にも負うべき一般的な義務を除き、何らの債権債務がないことを相互に確認する。

　以上の合意が成立したので、甲、乙及び丙は、本確認書を３通作成のうえ、各１通を所持するものとする。

　　令和○○年○○月○○日

　　　　甲　東京都……
　　　　　　○○○○地域ユニオン
　　　　　　執行委員長　○○　○○　印
　　　　乙　東京都……
　　　　　　（自署）○○　○○　印
　　　　丙　東京都…
　　　　　　株式会社○○○○
　　　　　　代表取締役　○○　○○　印

〔サンプル協定書に関する解説〕

①　最初の４行（前文）は、会社と地域ユニオンがどのような件に関して合意が成立したのかを特定していますが、離職の合意が成立した場合であったとしても、今回の妥結によって、地域ユニオンおよび当該社員とのすべての関係が解消されることになるように「その他雇用関係に関する一切の件」という表現を入れておくべきです。

②　第１項は、離職日と離職理由を明確にした規定です。

　　解雇の事案では、既に会社が解雇の通知を行っていますので、法的には、「丙が乙に対する○○年○○月○○日付解雇を撤回し、」などという表現を入れてその通知を撤回する必要があります。ただし、裁判等の公的な手続でない場合は、解雇の撤回に触れないこともありますので、サンプル協定書では触れていません。

　　なお、離職票との関係がありますので、離職事由を明確にしておくべきです。

③　第２項は、解決金の金額とその振込方法に関する規定です。

　　裁判等の公的な手続では、第２項の冒頭は、「丙は、乙に対し、本件

解決金として金○○○万円の支払義務があることを認め、これを令和○○年……」などとしていますが、公的な手続でない場合は、支払義務に関する記載は省略して、第2項のように記載している場合もあります。

④　第3項は、和解の主な長所③（34頁参照）で指摘したことを確実にするためのものです。前半の会社側にとってのメリットのみを入れることは少なく、双方対等の内容を入れることが多いです。

　なお、近年では、SNS等インターネットを利用しての誹謗中傷が問題となるケースも多くなってきていますので、「その手段を問わず」誹謗中傷をしないことを注意的に記載しておいた方がよいと思います。

⑤　第4項は、いわゆる守秘義務条項です。サンプル協定書では、「本確認書の記載内容」のみの守秘義務条項としていますが、これは、前述した3(2)において指摘した会社から社員に対しての一定の説明はできるようにすることを意識しています。その必要もないということであれば、守秘義務の対象を「本件に関する経緯並びに本確認書の存在及びその内容」全般にしてもよいでしょう。

⑥　第5項は、いわゆる清算条項といわれているもので、これで地域ユニオンおよび当該従業員と会社との関係はすべて清算されることの確認です。ここでは、会社の役員および社員、さらには、関連会社およびその役員と社員との関係もすべて清算されることとして、清算の範囲を拡大させています。解雇の過程で上司からパワーハラスメントを受けたとして、後に上司個人に対して損害賠償請求をしたりすることを極力防ぐことを目的としています。

　サンプル協定書とは異なり、個別労使紛争の際の裁判上の和解の際に入れる条項と同様に、「甲及び乙は、丙に対し、本件に関して、丙の役員及び従業員に対して損害賠償等の請求をしないことを約束する」という条項を第4項と第5項の間に入れる形にしてもよいと思います。

⑦　記名押印欄については、当該社員本人については、自署にすべきです。

　　地域ユニオンや会社は、団体の印鑑および代表者印を見れば特定できま

　　すが、社員本人の場合は押印のみでは少し心もとないので、トラブルを

　　防止する意味でも自署での対応にすべきです。

⑧　　このサンプル協定書は、あくまで一例に過ぎませんので、実際の労使

　　交渉の際には、プラスアルファの条項や文言が追加されることもありま

　　す。ただし、合意文書の記載内容は、簡潔かつ明瞭にしておくことが重

　　要です。

⑷　交渉途中での書面の取交しは極力避けるべき

　地域ユニオンは、交渉が妥結に至っておらず、途中である状況であるにも
かかわらず、暫定的な書面の取交しを求めてくることもあります。しかし、
そのような交渉途中の場合には会社の見解も暫定的または仮定的です。さら
には、そのような交渉途中の書面化であっても、前述した労働協約の効力が
生じることもありますので、いずれにしても、最終的に妥結に至った場合以
外の書面化は、極力避けるべきです。

　また、このようなことは、団体交渉の議事録についても同じことがいえま
す。地域ユニオンから団体交渉の実施ごとに、協議内容の摺合せを行って統
一の議事録を作成し、労使双方が記名押印をして書面に残したいとの要求を
受けることがあります。しかし、このような議事録の労使双方での書面化は、
上記の暫定的労働協約と同様の問題があります。また、団体交渉での「言っ
た、言わない」を防ぐためであれば、互いに交渉を録音すれば足りますし、
このような書面の作成が自由闊達な議論の妨げになる可能性もあります（上
記のとおり、あくまで会社の見解も暫定的または仮定的な側面を有していますの
で、修正したりすることも当然あります）。また、会社と地域ユニオンとの間
で議事録内容の摺合せをしている時から「言った、言わない」といった議論
が交わされ、逆に交渉が停滞する可能性もありますので、そもそも有意義な
ものでもないと思います。

5　交渉が決裂した場合の問題点

(1)　決裂に当たっての考慮要素（総論）

　地域ユニオンとの交渉の結果、妥結に至った場合は、会社は、協定書を締結のうえ、協定書に定められた内容を履行すれば、それで終了ということになります。逆に、あくまでも交渉事ですので、労使双方の歩み寄り等が難しく、交渉が決裂する場合もあります。会社としては、是々非々の対応をすることは当然ではありますが、それ以外に、決裂後に生じる様々な問題を想定しておく必要もあります。要するに、先を読んで対応するということです。

　会社が地域ユニオンとの交渉において、要求内容に対してより譲歩をする方向に踏み切るべきか、それとも会社としての筋を通して決裂を選択するか、ということについて明確な判断基準というものはありませんが、一般的には、以下の三段階で判断をしていることが多いようです。この点についての考え方は、企業別組合との団体交渉においても基本的には同じではないかと思います。

> ①　まず、会社の対応に法的な問題はなく、地域ユニオンの要求を拒否することについても法的に正当なことなのか否か。
> ②　次に、経済的合理性の見地を含めた経営判断として適切な対応なのか否か。要するに、ビジネスとして、どのように考えるか。
> ③　最後に、①②をクリアしたとしても、決裂後に想定される地域ユニオンによる会社への対抗措置の影響度合いがどの程度のものになるのか（この点を含めて②の経営判断として適切なのかともいえるかもしれません）。

　特に、地域ユニオンとの交渉議題が雇用終了に関するものである場合については、解雇や雇止めの通知に至る過程において、上記①②の検討の大半は終了しているのではないかと思われます。もっとも、団体交渉の際に出てきた地域ユニオンの主張や資料等を踏まえ、あらためて検討することが必要になる場合もあります。

　また、上記①の点については、団体交渉を打ち切る場合には、その打切りが不誠実団交（誠実交渉義務違反）という類型の不当労働行為に該当しないかという検討（労働組合法7条2号の該当性）も必要になってきます。ただ、そのような中でも、地域ユニオンとの交渉を決裂させるに当たり、会社が最も慎重に検討すべき観点は、前記③となり、この点は後述(3)において説明していきます。

(2)　団体交渉の打切りと不誠実団交（不当労働行為）

　会社には、誠実交渉義務が課せられていますが、地域ユニオンの要求事項を受け入れたり、地域ユニオンに対して譲歩しなければならない義務が課せられているわけではありません。そのため、交渉が行き詰ること（デッドロック）もありますが、その時点において交渉を打ち切ることは、誠実交渉義務に違反しないと解されています。

　もう少し具体的に説明しますと、労使双方が議題についてそれぞれ自己の主張・提案・説明を出し尽くし、これ以上交渉を重ねても進展したり、いずれかが譲歩したり、新たな提案をしたりする見込みがない段階に至った場合には、その時点において会社が交渉を打ち切ったとしても、誠実交渉義務違反の不当労働行為の責任を問われることはないことになります（池田電器事件——最高裁平成4年2月14日判決・労働判例614号6頁）。ただ、上記打切り後においても、時間の経過などに伴い、交渉再開が有意義なものとなることを期待させるような事情の変化があれば、会社は交渉再開に応じなければならないことがあるので、注意が必要です。

　以上のように、団体交渉が行き詰った場合には、会社は地域ユニオンとの交渉を打ち切り、決裂したとしても、労働組合法違反（不当労働行為）とされることはありません。しかし、同法に違反するか否かの判断は最終的には労働委員会を経て裁判所が決めることになりますので、非常に難しい判断となります。また、決裂宣言は、会社の方から地域ユニオンとの交渉の扉を閉ざすことになりますので、地域ユニオンとしても引き下がれなくなります。

そこで、地域ユニオンとしては、次なる手段に打って出なければならないことになります。このため、会社としては、最終的には、次の(3)の検討を行ったうえで対応することが重要になります。

(3) 地域ユニオンの取りうる今後の対抗措置との比較衡量

(A) 公的機関への申立てについて

会社が地域ユニオンとの交渉が行き詰ったことを理由として、今後の団体交渉を拒否したり、交渉自体を打ち切った場合、地域ユニオンとしては、解雇の撤回等の要求事項自体に関する司法解決、および、団体交渉を打ち切ったことに関する労働委員会での行政解決、という2つの公的機関への申立てを検討するものと思われます。

上記のうち、司法解決についてですが、解雇案件であれば、地域ユニオンは当事者ではなく、当事者である社員の支援者となり、社員個人が原告として、地位確認訴訟や慰謝料請求訴訟を提起することや、労働審判を申し立てることが考えられます。

もう1つの行政解決についてですが、準司法手続である不当労働行為救済命令の申立てや、労働委員会を介して協議を継続していくことを前提としたあっせんの申立てをすることなどが考えられます。不当労働行為救済命令申立ての審理は、会社の地域ユニオンに対する対応が労働組合法所定の不当労働行為（同法7条各号）に該当するか否かを審査・審理するものですが、裁判所における手続に似ており、会社はこの審理に当事者として参加して主張や証拠を出していかなければならなくなり、会社の労力は訴訟と同程度のものとなります。これに対して、あっせんの申立ての場合は、不当労働行為救済命令申立事件とは異なり、会社はあっせんの手続への参加自体を拒否することもできます。もっとも、これまでの会社と地域ユニオンという当事者のみでの交渉とは異なり、労働委員会という第三者が入って協議をするという形になりますので、多くの場合、あっせんへの参加を前向きに検討した方がよいと思います。

(B)　実力行使について

　上記の公的機関の申立て以外に、地域ユニオンの取りうる会社への対抗措置としては、会社本社や営業所の前、関連会社の施設前や公的スペース等での執拗な街宣活動を行うことは当然のものとして想定しておくべきです。それに加えて、地域ユニオンの上部団体であるナショナルセンター（連合、全労連、全労協）が実施する争議行動の一部に組み込み、定期的な大々的な街宣活動を行ったりすることもあります。また、代表取締役や役員の自宅を訪問して要求書の手渡しを求めたり、その近隣でビラを配布したり（近隣の郵便受けへのビラの投函を含みます）することもあります（この場合、役員宅近隣での大声での街宣活動等がなされるようであれば、会社としても対抗措置として差止めの仮処分等を申し立てることを検討すべきです）。

　さらに、地域ユニオンは、企業別組合とは異なり、会社の経済的な打撃は考えず、交渉を有利に再開させたり、その後の交渉を有利に進めようとするために、メインバンクや重要な取引先に対して街宣活動や要求書の送付・面会の強要等強引な働き掛けを行うこともあります。

(C)　比較衡量の視点

　会社は、上記のような地域ユニオンの取りうる今後の対抗措置のあらゆる可能性を洗い出し、最終的に、それらの対抗措置に耐える覚悟をしたうえで、交渉を決裂させるか否かの判断をしていくべきです。

　上記のような対抗措置のうち、会社以外に対する地域ユニオンの圧力は多くの場合、違法なものであり、会社としてもそれらに対する対抗手段を講じるべきですが、一度そのような実力行使がなされてしまってからでは実効的な対応が難しくなりますので、対抗措置の想定は事前に様々な角度から行っておくべきです。

（根本義尚）

Ⅵ 地域ユニオンの団体交渉以外の活動に対する対応

1 労働組合の活動について

労働者を組織化した団体である労働組合は、憲法28条によって「団体交渉その他の団体行動をする権利」を保障されています。つまり、使用者である企業に対し労働条件の向上を求めるため、労働組合は相当な範囲で団体行動を行うことが認められています。

そして、労働組合のこの「団体行動」は、一般に「争議行為」と「組合活動」に分けられています。

「争議行為」の典型はストライキやボイコットですが、地域ユニオンの場合は、その会社に所属する地域ユニオンの自社の社員は少数(ほとんど1人)ですので、争議行為は現実的なものではなく、実際にもあまり問題になっておりません。

もう1つの「組合活動」には多種多様なものがあり、企業別組合、地域ユニオンを問わず、これまでに、勤務時間中の腕章や鉢巻の着用、ビラ配布やビラ貼り、街宣活動などが問題になりました。

本項では、実際に地域ユニオンが行った組合活動のうち、特に問題となる街宣活動について検討します。その他の組合活動については、第2部のQ&Aを参照ください。

2 地域ユニオンの街宣活動の態様について

企業別組合の街宣活動は、会社や親会社の周辺で拡声器を用いたりビラを配布して、組合の要求事項の受入れを会社に求めるという方法が一般的です。

しかし、地域ユニオンの場合は、会社や親会社だけでなく、その会社の代

表者や役員の自宅に押し掛けたり、その会社の取引先やメインバンクに押し掛けることもあります。また、地域ユニオンは、拡声器の使用やビラ配布だけでなく、会社や親会社に一度に大量のFAXやメールを送ることもあります。

　企業別組合は紛争解決後の会社との関係に一定の配慮をしますが、地域ユニオンはそのような配慮はほとんどしないため、街宣活動が過激になることがあります。

3　地域ユニオンの街宣活動の正当性について

　上記のとおり、労働組合は憲法で団体行動の権利を保障されていますが、私生活の自由や平穏を害することは許されません。

　たとえ会社の代表者や役員であっても、私生活の自由や平穏は守られるべきです。この点について、裁判所は労使関係の問題は労使関係の場で解決すべきであると判断しています（東京ふじせ企画労働組合事件――東京地裁平成元年3月24日決定・労働判例537号14頁）。

　また、会社の周辺で行われる街宣活動であっても、会社の名誉や信用を侵害したり、あるいは、会社が平穏に事業を営む権利を侵害しているような場合は、会社からの差止め請求や損害賠償請求を認めている裁判例もあります（旭ダイヤモンド工業［東京・中部地域労働者組合］事件――東京高裁平成17年6月29日判決・労働判例927号67頁）。

　地域ユニオンの組合活動がどこまで許されるかという問題につきましては、第2部のQ&Aでも検討しますが、一般的には、その組合活動の目的が正当なものであるか否か（たとえば、団体交渉を求めるためのものか否か）、その組合活動の態様が妥当なものであるか否か（たとえば、就業時間中の組合活動や会社施設内での組合活動は原則として妥当なものとはいえないと思います）などによって判断されます。

　以上の具体例については、第2部のQ&Aを参照してください。（廣上精一）

第 2 部

各　論

Ⅰ　地域ユニオン（合同労組）とは何か

Q1　会社と労働組合

労働組合は１つの会社に１つずつあるのでしょうか。

POINT

　労働組合がある会社もありますが、労働組合のない会社もあります。また、１つの会社の中に複数の労働組合がある場合もあります。さらに、会社や産業とは関係のない労働組合もあります。

A　　労働組合法２条は、労働組合について、「この法律で『労働組合』とは、労働者が主体となって自主的に労働条件の維持改善その他経済的地位の向上を図ることを主たる目的として組織する団体又はその連合団体をいう」と規定しています。

　以上を要約すると、労働組合は労働者が主体となって組織する団体である、ということになります。このように労働組合法は、労働組合と会社との関係や労働組合の数などには全く触れていません。

　１つの会社の社員同士であれば、ある程度お互いのことを知っており、また、労働条件の向上を要求する相手方である会社も同じものですので、労働組合という団体を組織することはそう難しいことではないと思います。わが国で特定の会社の労働者だけで組織された労働組合が多いのは、以上のような理由なのではないかと推測しています。このように特定の会社の労働者だけで組織されている労働組合のことを「企業別組合」といっています。労働組合と聞いて、読者の皆様が最初に考えられる労働組合は、この企業別組合

ではないかと思われます。

　これに対し、労働者が労働組合を組織しない会社もあります。労働条件に不満がない、音頭をとる者がいない、労働者が少数である、労働者の不満を吸収するシステムが社内にある等々、労働組合が社内にない理由はいろいろあると思います。

　逆に、社内に複数の労働組合がある会社もあります。社内の業態や雇用形態、あるいは、就労場所が大きく異なっていて、それぞれの業態ごと、雇用形態ごと、就労場所ごとに労働組合がある、という場合も考えられますが、労働組合の内部が主流派と反主流派に分裂して、反主流派が別の労働組合を組織したという場合もあるようです。

　さらに、特定の会社や特定の産業とは全く関係のない労働組合もあります。この労働組合が、本書のテーマである「地域ユニオン」です。企業や産業に関係なく、一定の地域における中小企業の労働者を合同して組織化した労働組合であるため、かつては「合同労組」と呼ばれていました。この労働組合は、最近では、企業や産業に関係がないだけでなく、これまで組織化されてこなかった管理職やパートタイマー労働者、それに派遣労働者なども対象とするようになり、「地域ユニオン」と呼ばれるようになりました。

　以上のように、特定の会社の労働者だけで組織された労働組合がある一方で、労働組合が全くない会社もあり、1つの会社の中に複数の労働組合がある場合もあります。さらに、企業や産業とは関係のない労働組合もあります。

（廣上精一）

Q2　単位組合と支部

　1カ月ほど前に解雇した社員が地域ユニオンに加入したとのことで、その地域ユニオンから労働組合加入通知書が送られてきました。そして、その労働組合加入通知書と一緒に団体交渉申入書も送られてきましたが、その団体交渉申入書に労働組合として記載されているのは、その地域ユニオンだけでなく、その地域ユニオンの支部らしき名称（当社の商号は「○○株式会社」ですが、その○○を付した「○○支部」という名称）と、その「○○支部」の支部長という肩書きを付した当社の社員の氏名も記載されていました。

　このような「○○支部」も労働組合なのでしょうか。

・・・・・・・・・・・・・・・・・・・・・・・・・・・・

POINT

　わが国では自由に労働組合を作ることができます。届出や許可は不要です。ただし、労働組合法の保護を受けるためには、一定の要件を満たす必要があります。

　「○○支部」や「○○分会」などの下部組織の名称が付された団体であっても、労働組合である可能性があります。

　なお、構成員が完全に1人だけの場合は、労働組合の実質的要件としての団体性を欠く可能性があります。

A

1　労働組合の成立要件

　労働組合法2条本文は、「この法律で『労働組合』とは、労働者が主体となって自主的に労働条件の維持改善その他経済的地位の向上を図ることを主たる目的として組織する団体又はその連合団体をいう」と規定しています。

　以上を要約すれば、労働組合とは労働者が自主的に組織した団体ということです。そして、この自主性と団体性という実質的な要件を満たしていれば、憲法28条の団結権・団体交渉権・団体行動権の保障を受けることができると考えられており、また、労働組合法1条2項の刑事免責、同法8条の民事免責も受けることができると考えられています。

　労働組合法は、自主性と団体性という実質的要件の他に、労働組合が「法適合組合」として労働組合法上の諸々の保護（同法7条、11条、16条、17条、18条、27条など）を受けるための要件（同法2条但書1号・2号、5条2項）を規定しています。しかし、これらの要件の中にも、官庁への届出や許可などは規定されていません。

　したがって、「○○支部」や「○○分会」などの下部組織の名称が付された団体であっても、労働組合である可能性は十分にあります。

2　団体性の要件について

　次に、労働組合の実質的要件である「団体性」ですが、ここでいう「団体」は、複数の人が結合していることです。したがって、完全に1人だけでは、この団体性を有していることにならず、労働組合とはいえません。ただし、複数いた組合員が脱退や死亡によって1人となってしまっても、組合員が増加する可能性があれば、その労働組合は団体性を失わないと考えられています。

　本問の場合、「○○支部」の構成員が解雇された方が1人だけで、かつ、他の人が加入する可能性がなければ、「○○支部」は労働組合とはいえません。したがって、この場合は、「○○支部」は団体交渉の申入れをすることはできません。

　ただし、この「○○支部」が複数の構成員で組織されていることも考えられます。あるいは、この会社の中に解雇された方と意見を同じくする社員がいて、その方がこれからこの「○○支部」に加入しようとしているかもしれ

ません。

　なお、会社の方から労働組合に対し、労働組合のメンバーを明らかにするよう求めることも考えられますが、労働組合が必ずこれに応えるとは限りません。労働組合が「労働者の過半数で組織する労働組合」（労働基準法36条1項など）であることを会社に示す場合であればともかく、それ以外の場合は、労働組合は会社の要請に応える必要は特にありません。

　この「○○支部」が労働組合の要件を満たしているか否かは、労働組合法5条1項に基づき、労働委員会が審査することになっておりますので、「○○支部」が労働組合を名乗り、また、その「○○支部」が「団体性」の要件を満たしているか否かについて、会社が確信をもてない場合は、とりあえず「○○支部」を労働組合として対応した方が無難でしょう。

　ただし、「○○支部」が単独で団体交渉の申入れをしてきた場合において、「○○支部」に所属する者が代表者1人である可能性が高いと会社が考える場合は、団体交渉を受け入れる前に、答える可能性がなくても、「○○支部」に対し、代表者以外の組合員の氏名または人数を明らかにするよう求めてみる、という方法は十分考えられると思います。

（廣上精一）

Q3 単位組合と上部団体

当社の社員数名が加入した地域ユニオンから団体交渉申入書が送られてき
ましたが、団体交渉の組合側の出席者として、その地域ユニオンが加盟して
いるらしい「○○労連」の書記長という人も含まれていました。その地域ユ
ニオンの組合員でない人も団体交渉に出席して発言することができるのでし
ょうか。

POINT

労働組合そのものが構成員となって作られている労働組合もありま
す。

A

1 単位組合と連合組合

労働組合法5条2項3号は、「連合団体である労働組合以外
の労働組合（以下『単位労働組合』という。）の組合員は」と規定しています。

すなわち、労働組合には、「連合団体である労働組合」と「単位労働組合」
という2種類の労働組合があります。

「単位労働組合」（単位組合）は、その構成員が労働者個人である労働組合
です。企業別組合も地域ユニオンも、そのほとんどがこの単位組合です。

「連合団体である労働組合」（連合組合）は、その構成員が労働組合である
労働組合です。企業別組合の多くは連合組合の傘下にありますが、地域ユニ
オンの中にも、特定の連合組合に加盟しているものがあります。この場合、
その連合組合は、地域ユニオンとの関係では、上部団体と呼ばれています。

2　団体交渉における上部団体の当事者能力

　上部団体は、労働組合法2条の労働組合としての実体を備え、下部組織に対する統制力を有していれば、その上部団体独自の問題（たとえば、その上部団体と会社との交渉手続）や、加盟している単位組合に共通の問題（たとえば、労働条件の統一要求）について、団体交渉の当事者能力を有するとされています。

　さらに、規約や慣行があれば、加盟している特定の単位組合の問題について、上部団体は単位組合と競合して団体交渉権をもつと解釈されています。

　この上部団体の競合的団体交渉権は、ほとんどの場合、単位組合と連名で会社に団体交渉を申し入れるという形で行使されています。上部団体と単位組合の交渉権限が統一されている限り、会社はこの共同交渉を拒否することはできません。

　ただし、上部団体が構成員である単位組合に対する統制力をもたない単なる連絡協議機関に過ぎない場合は、その上部団体には団体交渉権はありません。

3　本問の場合

　本問の場合、「○○労連」が競合的団体交渉権を有しており、かつ、団体交渉申入書に「○○労連」が団体交渉の当事者として記載されていれば、会社は団体交渉における書記長の発言を労働組合側の交渉担当者としての発言と受け止める必要があります。

　団体交渉申入書に「○○労連」が団体交渉の当事者として記載されていないことは、実際にはまずないと思いますが、仮に記載されていなければ、その上部団体に競合的団体交渉権がない可能性があります。そして、その上部団体に競合的団体交渉権がない場合は、その上部団体の書記長は、団体交渉における労働組合側の交渉担当者として出席しているのではなく、単なるオブザーバーということになります。

（廣上精一）

Q4　労働組合か否か不明な場合

　「○○○会」と名乗る団体から、当社の社員 1 名がその団体に加入したので、その社員の賃金について協議を行うため、団体交渉の開催を求めるとの通知が送られてきました。確かに、その社員は日頃から賃金について不満を述べていました。しかし、その通知書には労働組合との記載はあるものの、本当に労働組合か疑わしく、当社は申し入れられた団体交渉に応じなければならないのでしょうか。

POINT

　団体交渉に応じなければならないか否かは、本問の○○○会という団体が労働組合法の適用を受けるのか、つまり、労働組合法 2 条に適合する労働組合に当たるのか、すなわち、「労働者が主体となって自主的に労働条件の維持改善その他経済的地位の向上を図ることを主たる目的として組織する団体又はその連合団体」で、かつ、同条但書各号の要件に該当しないもの、なのか否かによります。

　労働委員会から適合証明を受けている（労働組合法11条）労働組合であれば、同法の適用を受ける労働組合であることは明らかですが、そうではない労働組合の場合、同法 2 条に適合する団体か否かを、実態、すなわち、労働組合の実態を認識することができる組合規約・組合員名簿・組合役員名簿等の書類や組合の活動実績から判断する他ありません。

1　労働組合法の適用を受ける労働組合とは

　使用者が労働組合からの団体交渉申入れを正当な理由がなく

て拒むことは不当労働行為に当たり禁じられています（Q12参照）。また、労働組合法に不当労働行為救済制度が設けられ、労働組合は使用者が正当な理由がなく団体交渉を拒否した場合、労働委員会に不当労働行為救済の申立てをすることができます（同法7条2号、27条以下）。

　このように労働組合法の適用を受けることができる労働組合とは、同法2条に定める「労働者が主体となって自主的に労働条件の維持改善その他経済的地位の向上を図ることを主たる目的として組織する団体又はその連合団体」でなければなりません。また、同条但書各号の要件、具体的には「監督的地位にある労働者その他使用者の利益を代表する者の参加を許すもの」（同1号）、「団体の運営のための経費支出につき使用者の経理上の援助を受けるもの」（同2号）、「共済事業その他福利事業のみを目的とするもの」（同3号）、「主として政治運動又は社会運動を目的とするもの」（同4号）に該当しないものでなければなりません。

　それ故、本問の団体が労働組合法の適用を受けることができるのか、つまり、同法2条に適合するのか否かが問題となります。

2　本問に関連する知識

　なお、若干わき道にそれますが、この問題に関連する知識として、2つほど補足します。

　第1に、不当労働行為救済制度の手続に参与するためには、労働組合は労働委員会に証拠を提出して、労働組合法2条に適合すること、および労働組合の規約上の要件を満たすこと、つまり組合規約に同法5条2項に定められている規定（このことを「必要的記載事項の規定」といいます）が含まれていることを立証し、労働委員会の資格審査を受ける必要があります（同条1項）。もっとも、規約上の要件は、たとえ申立て時に満たさなかった場合であっても、その後の労働委員会からの補正指導によっても規約上の要件を満たすことが可能ですので、実際にはあまり問題になることはありません。こ

の不当労働行為救済制度の手続に参与するための要件としても、同法2条に適合するか否かが重要なポイントとなります。

　第2に、労働組合法に適合する、つまり先に述べた同法2条および5条2項の要件を満たす労働組合は、労働委員会に申請してその証明（このことを便宜上「適合証明」といいます）を受けることができます。この適合証明を受けた労働組合は、その主たる事務所の所在地において登記することにより法人となることができます（同法11条）。

3　労働組合法の適用を受ける労働組合か否か不明な場合の対応方法

　この適合証明を受けているような労働組合の場合、まさに労働組合法2条および5条2項に適合する労働組合ですから、同法の適用を受ける労働組合といえます。したがって、たとえば、法人登記がされている等、適合証明を受けている労働組合であることが明らかになっている場合、そのような労働組合からの団体交渉の申入れを拒むことは正当な理由とはなりません。

　これに対し、適合証明を受けていないような団体については、労働組合法の適用を受ける労働組合か否か、つまり、同法2条に適合する組合か否かを、その実態から判断する他ありません。具体的には、労働組合の実態を認識することができる組合規約・組合員名簿・組合役員名簿等の書類や組合の活動実績から、同法2条が定める「労働者が主体となって自主的に労働条件の維持改善その他経済的地位の向上を図ることを主たる目的として組織する団体又はその連合団体」であり、かつ、同条但書各号の要件に該当しない労働組合であるか否かを判断することになります。

　それ故、適合証明を受けていない労働組合については、会社としても、できるかぎりインターネット等各種情報媒体からその活動実績に関する資料を収集し、その実態把握に努めるとともに、団体交渉を申し入れてきた労働組合に対しては、その実態を認識することができる資料として、組合規約・組

合員名簿・組合役員名簿等の書類の提示を求めることが必要だと思います。

　以上の点について、まだ設立間もない労働組合であり、その名称も「反リストラ・マスコミ労働者会議・産経委員会」などと労働組合をうかがわせる名称を使用しておらず、まだ会社がわかるような形で組合活動をしていたことがうかがえない団体から団体交渉を申し入れてきた事案について、会社が組合規約等の資料の提示を求め、その資料の提示がなされて労働組合としての実態の確認がなされるまで団体交渉に応じないこともやむを得ない対応であり、正当な理由に基づく団体交渉拒否であったとして、不当労働行為に当たらないと判断した裁判例があります（日本工業新聞社事件——東京地裁平成22年9月30日判決・労働経済判例速報2088号3頁、東京高裁平成24年10月25日判決・中労委HP「労働委員会関係裁判例データベース」）。

4　本問の検討

　本問を検討しますと、おそらく適合証明を受けていないような団体からの団体交渉申入れだと思われます。しかも、「○○○会」という名称であり、労働組合をうかがわせる名称を使用していません。それ故、はたして○○○会が労働組合法の適用を受ける労働組合か否か、会社が疑義をもつことは当然といえます。

　そこで、会社として、インターネット等の各種情報媒体からその○○○会の活動実績等を調査し、さらにその実態を認識することができる資料として、○○○会に対し、組合規約・組合員名簿・組合役員名簿等の書類の提示を求める必要があります。そして、そのような資料が提出されて労働組合としての実態の確認ができるまで団体交渉に応じないということも許されると考えます。

（三上安雄）

Q5　地域ユニオンの介入を予防する方法

　当社の社長は、以前、地域ユニオンとの団体交渉でひどい目にあっているとのことで、「当社に地域ユニオンを絶対に関与させてはならない！」と言っていますが、地域ユニオンを当社の労働問題に関与させない方法などあるのでしょうか。

　たとえば、①社内に予め労働組合を作ってユニオン・ショップ協定を結んでしまえば、当社の社員は地域ユニオンには加入できなくなるのでしょうか。

　②入社時に、労働組合に加入してはならないという内容の誓約書を差し入れさせてはいけないのでしょうか。

　③地域ユニオンが介入してきたときは、第2組合を作るという話を聞いたことがありますが、うまくいくのでしょうか。

● ●

POINT

　結論から申し上げれば、地域ユニオンを労働問題に関与させない方法はありません。

　①ユニオン・ショップ協定を結んでも、社員が地域ユニオンに加入することを防止できません。②入社時に労働組合に加入しない旨の誓約書を書かせることは不当労働行為であり、違法です。③第2組合を作ると、事態の複雑化を招くおそれがあります。

1　ユニオン・ショップ協定

　企業別組合とユニオン・ショップ協定を締結してしまえば、社員は地域ユニオンに加入できなくなるのでしょうか。

　ユニオン・ショップ協定とは、会社が労働協約において、自己の雇用する

社員のうち当該労働組合に加入しない者および当該組合の組合員でなくなった者を解雇する義務を負う制度です。企業別組合とユニオン・ショップ協定を締結していれば、社員がこの組合を脱退し、新たに地域ユニオンに加入した場合には、協定に基づき当該社員を解雇できるように思われる方もいらっしゃるかもしれません。

　しかし、判例（日本鋼管事件——最高裁平成元年12月21日判決・労働判例553号6頁）は、ユニオン・ショップ協定を締結した労働組合を脱退または除名された後、別の労働組合に加入した者について、会社が行った解雇を無効としました（Q6参照）。

　ですから、社内に労働組合を作って、ユニオン・ショップ協定を締結したとしても、地域ユニオンへの加入を防ぐことはできません。

2　労働組合に加入してはならないという誓約書

　では、地域ユニオンなどの労働組合に加入してはならないといった誓約書を入社前に書かせるなどして加入を牽制することはどうでしょうか。

　実は、これは明らかに違法です。労働組合法7条1号は、「労働者が労働組合に加入せず、若しくは労働組合から脱退することを雇用条件とすること」を不当労働行為として禁じていますので、これに違反する行為となります。

3　第2組合を作るとどうなるか

　さらに、地域ユニオンに加入した社員が現れた後に、社内にいわば「御用組合」としての社内多数派の第2組合を作る方法はどうでしょうか。

　この手法は、ほとんど意味がないどころか、むしろ事態を複雑化させるおそれが高いといえます。すなわち、第2組合ができたとしても、既に社員が加入した地域ユニオンとの団体交渉義務がなくなることはありません。結局、その会社は地域ユニオンと第2組合との二重の団体交渉を余儀なくされ、場

合によっては組合間差別の問題が生じ、検討しなければならない問題が増え
てしまいます。

4　まとめ

　このように、地域ユニオンの介入を絶対的に予防する方法は、今のところ
ないといわざるを得ません。

（大山圭介）

Ⅱ　地域ユニオンの問題点

Q6　ユニオン・ショップ協定と地域ユニオン

　私の会社には労働組合があり、会社とユニオン・ショップ協定を締結しています。しかし、社内の労働組合は労働組合らしい活動はほとんど行っていません。私が昇給についての不満をその労働組合に相談しても、全く力になってくれません。そこで、私は地域ユニオンに個人で加入したいのですが、そのようなことは可能なのでしょうか。

POINT

　ユニオン・ショップ協定は、別の労働組合に加入している者、または、社内の労働組合から脱退しまたは除名されたが、別の労働組合に加入した者、あるいは、新たな労働組合を結成した者に対しては、法的な効力はありません。

　労働組合の組織拡大策の1つとして、ユニオン・ショップ協定があります（解釈が難しい条文ですが、労働組合法7条1号但書をご参照ください）。

　ユニオン・ショップ協定は、この協定を締結した労働組合の組合員であることを雇用の条件とするものです。したがって、この協定を締結した会社は、その労働組合に加入しない者、および、その労働組合の組合員でなくなった者を解雇する義務をその労働組合に対して負っています。

　他方で、ユニオン・ショップ協定は、労働者の労働組合に入らない自由、労働組合を脱退する自由、労働組合を選択・結成する自由、さらには、雇用

の保障と対立するものとなっています。

　特に、労働者が労働組合を選択・結成する自由は、憲法28条の団結権の重要な要素の１つですので、これと対立するユニオン・ショップ協定には法的な効力がないのではないか、との疑問が提起されてきました。

　この点において、ユニオン・ショップ協定の効力の範囲を解釈する場合や、会社の解雇の効力を解釈する場合の難しさがあります。

　本問の場合、ご相談の方が社内の労働組合を脱退すれば、ユニオン・ショップ協定に基づいて、会社はその方を解雇しなければならないとも考えられます。

　しかし、判例（三井倉庫港運事件——最高裁平成元年12月14日判決・最高裁判所民事判例集43巻12号2051頁）は、ユニオン・ショップ協定を締結した労働組合を脱退して別の労働組合に加入した者に対する解雇を無効と判断しています。

　この判例は、「労働者には、自らの団結権を行使するため労働組合を選択する自由があり、また、ユニオン・ショップ協定を締結している労働組合……の団結権と同様、同協定を締結していない他の労働組合の団結権も等しく尊重されるべきである」と述べています。

　したがって、本問の場合も地域ユニオンに個人で加入することは可能です。そして、地域ユニオンに加入するときに、社内の労働組合を脱退したとしても、会社がユニオン・ショップ協定に基づいてその方を解雇することは許されないことになります。

（廣上精一）

Q7　管理職が加入する地域ユニオンの法適合性

　当社の管理職である営業課長は、自分は名ばかり管理職であって、残業代が支払われないのはおかしいとして、管理職の地域ユニオンに加入し、その地域ユニオンが当社に対し、残業代を請求するため、団体交渉の申入れをしてきました。

　管理職が加入している地域ユニオンは労働組合としての資格はないと聞いたことがありますので、当社はこの団体交渉には応じないつもりですが、大丈夫でしょうか。

・・・・・・・・・・・・・・・・・・・・・・・・・・・・

POINT

　労働組合法2条但書1号にいう「利益を代表する者」は、人事労務担当の上級管理者などごく一部に限られるので、そのような管理職でないかぎり、管理職が加入していたとしても法適合組合といわざるを得ませんので、団体交渉には応じた方がよいでしょう。

A

1　労働組合の法適合性

　労働組合法2条は、その本文において労働組合を「労働者が主体となって自主的に労働条件の維持改善その他経済的地位の向上を図ることを主たる目的として組織する団体又はその連合団体」と定義する一方で、同条但書において、「役員、雇入解雇昇進又は異動に関して直接の権限を持つ監督的地位にある労働者、使用者の労働関係についての計画と方針とに関する機密の事項に接し、そのためにその職務上の義務と責任とが当該労働組合の組合員としての誠意と責任とに直接にてい触する監督的地位にある労働者その他使用者の利益を代表する者の参加を許すもの」（但書1号）、「団体

の運営のための経費の支出につき使用者の経理上の援助を受けるもの」（但書 2 号）を労働組合員から除外しています。

　労働組合法 2 条の要件をすべて満たす労働組合（法適合組合）は、同法の適用を受けることができますが、同条但書 1 号の使用者の利益代表者の参加を許す労働組合（自主性不備組合）は、同法の適用を受けません（ただし、刑事免責、民事免責、不利益取扱いの民事訴訟による救済などの法的保護は受けるとされています）。

2　管理職組合と法適合性

　しかし、わが国の地域ユニオンの中には管理職の加入を広く受け入れるものが現実に存在します。企業別組合にも管理職が加入しているものがあります。このような労働組合は、法適合組合とはいえないのでしょうか。

　この問題につき、中央労働委員会は、管理職によって結成された企業別組合の団体交渉要求を会社が拒否した事案に関するセメダイン事件（中央労働委員会命令平成10年 3 月 4 日・労働判例734号81頁）において、当該組合に加入している管理職の職務を個別に検討した結果、労働組合法 2 条但書 1 号に規定されている「雇入解雇昇進又は異動に関して直接の権限を持つ監督的地位にある労働者」、「使用者の労働関係についての計画と方針とに関する機密の事項に接し、そのためにその職務上の義務と責任とが当該労働組合の組合員としての誠意と責任とに直接にてい触する監督的地位にある労働者」に該当するものではないから、当該組合に利益代表者は加入していないとし、結論として会社に当該組合との団体交渉を命じました。

　一般に、労働組合法 2 条但書 1 号に規定される利益代表者に当たる管理職は、人事・労務担当の上級管理者など、ごく一部に限られます。ですから、管理職が加入した労働組合も、その管理職が上記のような限られた利益代表者でないかぎりは、法適合性を失わず、会社は団体交渉に応じなければなりません。

3　実務上の対応

　実務上も、管理職が地域ユニオンに加入したからといって、その地域ユニオンが法適合性を有しないとして団体交渉に応じないという対応は、結果として紛争の長期化や争議の激化を招くことがあり、得策ではありません（もちろん、人事部長が労働組合に加入してしまったような特殊なケースは別ですが）。このため、団体交渉には応じ、団体交渉の中での解決を模索する方がよいでしょう。

（大山圭介）

Q8 派遣社員が加入した場合

当社は、派遣社員を受け入れています。この度、その派遣社員のうちの1人が地域ユニオンに加入したとのことで、その地域ユニオンが、派遣元に対してではなく、当社に対し、労働条件等の向上に関して団体交渉の申入れをしてきました。当社は、団体交渉の要求に応じる必要があるのでしょうか。

POINT

派遣先ということだけでは派遣社員が加入した地域ユニオンからの団体交渉の申入れに応じる義務はなく、派遣元が地域ユニオンに対応することで足ります。

しかし、派遣先が労働者派遣法や労働基準法等の法律に抵触しているなど、地域ユニオンが求める団体交渉の内容によっては、派遣先に団体交渉に応じる義務が生じることがありますので、注意が必要です。

派遣元よりも派遣先の方が企業規模が大きく、資金的にも余裕があることが多いことや、派遣元との間で派遣先に有利な労働者派遣契約が締結されることが多いことなどの事情もあって、地域ユニオンは、派遣元との団体交渉が行き詰まった場合や派遣先が実質的に派遣社員の労働条件を決めているのではないかと疑っているような場合には、派遣先に対して団体交渉を申し入れてくることもあります。

しかし、派遣先は、あくまで派遣元との間で労働者派遣契約を締結しているに過ぎず、派遣社員との間で労働契約を締結しているわけではありません。したがって、労働組合法7条2号の「使用者」には該当しないと考え、派遣社員が加入した地域ユニオンからの団体交渉の申入れに応じる必要がないと考えることは自然なことです。

　しかし、労働組合法の「使用者」という概念は、労働条件等に関する団体交渉等を保障する労働組合法の趣旨に照らし、実質的に解釈されるので、必ずしも労働契約上の雇用主に限定されるものではないと解されています。

　労働者派遣法制定前の事件ではあるものの、同法施行後であれば労働者派遣の実態を持つ事案について、裁判所は、「雇用主から労働者の派遣を受けて自己の業務に従事させ、その労働者の基本的な労働条件等について、雇用主と部分的とはいえ同視できる程度に現実的かつ具体的に支配、決定することができる地位にある場合には、その限りにおいて」、労働組合法7条の「使用者」に当たると判断しています（朝日放送事件——最高裁平成7年2月28日判決・労働判例668号11頁）。

　そして、労働者派遣法が立法された昭和60年当時の政府答弁は、派遣社員が加入している組合との団体交渉に応じるべき使用者は一般的には派遣元であって、派遣先ではないと指摘しつつ、具体的な事案について誰が団体交渉に応ずべき立場にあるかについては、労働委員会または裁判所で判断されると指摘しており、同法に基づく派遣先の使用者性は明らかではありませんでした。そのような中、近時は、上記の朝日放送事件の判断をベースとして、労働組合の救済機関である労働委員会を中心に、①就業実態が労働者派遣法の枠組みまたは派遣契約に定められた基本的事項を逸脱して派遣が行われている場合や法違反の偽装請負の場合、②労働者派遣法上、派遣先に労働基準法等の労働者保護法規の一定の責任や義務が課せられている部分に派遣先がその履行をしない場合（労働時間管理について阪急交通社事件——東京地裁平成25年12月5日判決・労働判例1091号14頁）などについて、派遣先が「使用者」に該当すると積極的に判断する傾向にあります（なお、親会社に対する団体交渉の申入れに関するQ10もご参照ください）。ただ、派遣先としては、法律の専門家ではないことから、団体交渉を受けなければならない例外的なケースに該当するか否かを判断することは困難です。

　そこで、本問のようなケースでは、派遣先は、まず、地域ユニオンに対し

て、当社は派遣社員の雇用主ではないことから団体交渉には応じかねる旨の回答を行うとともに、派遣元に対して雇用主としての責任を果たすよう要請すべきです。すなわち、派遣先は、派遣元に対し、派遣元が地域ユニオンとの交渉を速やかにスタートさせ、実質的な協議を開始するなどして、解決に向けた対応をするよう要請してください。

　なお、上記のような対応をした場合でも、地域ユニオンが派遣先に対して団体交渉の申入れをしてくることがあります。このような場合には、派遣先としては、前述したような法律違反の事実がないかなど（①②の点）を確認しつつ、地域ユニオンに対しては、派遣社員のどのような労働条件に関する、どのような申入れなのかを具体的に確認すべきです。その際には、内容を明確にさせるために、書面で回答するように要求すべきです。そのうえで、労働委員会において不当労働行為と判断されるリスクがあることを念頭におきつつ、専門家と相談して団体交渉に応じるか否かを決めていくべきでしょう。

（根本義尚）

Q9　業務委託契約と労働者性

　当社の個人業務受託員は、常々業務委託料が安いことに不満をもっていましたが、この度、地域ユニオンに加入し、その地域ユニオンから業務委託料引上げに関する団体交渉の申入書が届きました。しかし、そもそも当社と受託員との間では、労働契約ではなく、業務委託契約が締結されているに過ぎません。したがって、当社の労働者とはいえないので、団体交渉に応じる必要はないと思っていますが、大丈夫でしょうか。

POINT

　会社と個人との契約形態が「労働契約」または「雇用契約」でなくとも、労働組合法が定める「労働者」に該当することがあります。

　労働委員会や裁判所は、労働組合法上の「労働者性」を比較的緩やかに認める傾向にあります。

　労働者と判断されるような場合に、地域ユニオンからの団体交渉に応じなければ、団体交渉拒否の不当労働行為と判断されることになるので、「労働者性」の判断には注意が必要です。

　　　　　労働組合法は、「労働者」が主体となって組織する団体を労働組合と認めています（同法2条柱書本文）。そして、この「労働者」については、「職業の種類を問わず、賃金、給料その他これに準ずる収入によって生活する者をいう」（同法3条）と定めています。また、「使用者が雇用する労働者の代表者と団体交渉をすることを正当な理由がなくて拒むこと」を不当労働行為として禁止しています（同法7条2号）。

　本問のような個人業務受託員との契約は、労働契約ではなく、業務委託契約を締結しているので、会社としては、「労働者」ではないとして、個人業

務受託員が加入した地域ユニオンからの団体交渉の申入れに応じる必要はないと考える方もいるでしょう。また、そのように考えて実際に団体交渉に応じない会社も多いのではないかと思われます。

しかし、労働組合法が定める「労働者」（同法3条）に該当するか否かは、労働組合による団体交渉の実施を助け、同法で保護する必要があるかどうかといった観点から判断されることになりますので、契約の名称等で判断されるわけではなく、実質的に判断されることになります。そのため、同法の「労働者」の要件は、労働契約法2条1項や労働基準法9条が定める「労働者」の要件とも異なります。さらに、労働組合法3条には、「労働者」に該当するか否かの基準が定められていません。そのような状況ですので、会社としては、団体交渉に応じる義務が生じているのか否かに関し、判断に迷うものと思われます。

この点について、最高裁判所（新国立劇場運営財団事件——最高裁平成23年4月12日判決・判例時報2114号3頁、INAX メンテナンス事件——最高裁平成23年4月12日判決・判例時報2117号139頁、ビクター事件——最高裁平成24年2月21日判決・判例時報2146号140頁）や厚生労働省の「労使関係研究会」（平成23年7月「労使関係法研究会報告書（労働組合法上の労働者性の判断基準について）」）において、以下のような一定の判断基準・要素が示されていますので、以下に示す判断要素を総合考慮して、労働組合法が定める「労働者」に該当するか否かが決まることになります。

【労働組合法上の労働者性の判断要素の考え方】

●**基本的判断要素**

①**事業組織への組み入れ**

　会社の業務遂行に不可欠な労働力として業務遂行者が会社組織に組み込まれているといえるか。

　☞ここでは、会社の社員と同様にシフトに組み込まれているか否か、同種業務を他社から受託することができるか否か、会社の社員と同様の制服

の着用や名刺や身分証の携行が義務付けられているか否かなどが考慮されることになります。

②契約内容の一方的・定型的決定

会社が契約内容・労働条件を一方的に決定しているといえるか。

☞ここでは、定型的な契約書式が使用されているか否か、報酬や勤務時間等の労働条件が一方的に決定され個別の交渉の余地があるか否かなどが考慮されることになります。

③報酬の労務対価性

業務遂行者が受領する報酬が労務の提供に対する対価またはそれに類するものとしての性格を有するといえるか。

☞ここでは、報酬が時間に基づいているか否か、時間外手当・深夜手当・休日手当に類する報酬が支払われているか否か、一定額の支払いが保障されていたり、賃金のように一定期日に定期的に支払われているか否か、源泉徴収が給与所得控除をされているか否かなどが考慮されることになります。

●補充的判断要素

④業務の依頼に応ずべき関係

上記①の判断要素を補強するものであるが、会社による個々の業務依頼に対して業務遂行者はその依頼に応じなければならないといえるか。

☞ここでは、個々の業務依頼を拒否した場合に何らかのペナルティがあるか否か、同様の立場にある者が個々の業務依頼を拒否した実績がほとんどないか否かなどが考慮されることになります。

⑤広い意味での指揮監督下の労務提供、一定の時間的場所的拘束

業務遂行者が労働者に準じるような会社の指揮監督下で業務遂行を行っていると広い意味でいえるか、業務に当たり日時や場所等に関して一定の拘束を受けているといえるか。

☞ここでは、通常の業務委託における業務内容の指示を超えて、会社が作成したマニュアル等により作業手順・接客態度等まで指示されているか否か、その指示に反した場合に何らかのペナルティがあるか否か、定期的に報告等が要求されているか否か、業務遂行内容が会社の社員との間で大差がないか否か、業務遂行方法・業務量・業務時間や場所等についての裁量があるか否かなどが考慮されることになります。

●**消極的な判断要素**

⑥**顕著な事業者性**

　　業務遂行者が恒常的に自分の才覚で利益を得る機会をもっており、その一方において、自分でリスク等を引き受けて事業を営んでいる者といえるか。

　　☞ここでは、契約上のみならず実態的にも独自の営業活動を行うことが可能であるか否か、独自の営業活動に伴う損失の負担を負っているか否か、他人を利用することが契約上も実態上も制約されていないか否か、他人を利用しているか否か、受託している業務以外に主たる営業活動を行っているか否か、一定規模の設備や資金を有しているか否か、業務遂行に必要な経費を個人で負担しているか否かなどが考慮されることになります。

　本問では、具体的な事情が明らかでないことから、個人業務受託員が労働組合法上の労働者に該当するかは不明ですが、労働（雇用）契約ではなく、業務委託契約であるということのみを理由として、地域ユニオンからの団体交渉の申入れを拒否することは得策とはいえないものと思われます。

　業務委託契約であることを理由に、団体交渉を受けない会社もあると思います。また、実際に、会社としては、団体交渉を開催したくないところかもしれませんが、不当労働行為の救済命令申立てなどのリスクを考慮すれば、上記判断要素に照らし、慎重な対応をすることが必要となります。

　　　　　　　　　　　　　　　　　　　　　　　　　　　　（根本義尚）

Q10　親会社の団体交渉応諾義務

当社の子会社の社員が地域ユニオンに加入し、子会社に賃上げを要求していましたが、子会社では埒（らち）があかないとして、親会社である当社にも団体交渉を申し入れてきました。当社は団体交渉を行う必要があるのでしょうか。

・・・・・・・・・・・・・・・・・・・・・・・・・・・・・・

POINT

　資本関係があるというだけでは子会社の社員が加入した地域ユニオンからの団体交渉申入れに親会社が応じる義務はありません。

　親会社と子会社は法的には別の法人格ですから、子会社とその社員との問題は子会社が誠実に地域ユニオンとの団体交渉に応じれば足ります。

　子会社の社員が加入する地域ユニオンとの間において、親会社が団体交渉に応じる義務が生じるのは、例外的な場合に限られます。

　子会社の代表取締役等の役員は、親会社からの出向であることが多いという事情もあって、地域ユニオンは、子会社との団体交渉が行き詰まった場合に、親会社から子会社へ圧力をかけさせ、交渉を有利に、または打開するために、親会社に対して団体交渉を申し入れることがあります。また、地域ユニオンによっては、直接の雇用主である子会社への団体交渉の申入れに加え、それと同時に、資本関係にある親会社に対しても団体交渉の申入れをする場合もあります。

　このような地域ユニオンからの申入れに対して、親会社が当該社員の「使用者」に該当するということになれば、親会社に団体交渉応諾義務が生じることになります。その場合、親会社が団体交渉の申入れを拒否すれば、不当労働行為に該当することになります（労働組合法7条2号）。

　そもそも、わが国では、仮に資本関係があったとしても、別々の法人であれば、法人格が異なるものとされており、親会社と子会社についても同様です。そのような法人形態が法律によって認められているにもかかわらず、子会社であるという理由のみで、本問のようなケースにおいて団体交渉に応じる義務が親会社に生じるということは相当とはいえません。

　もっとも、子会社が親会社の一部門として支配を受け、子会社の社員の労務提供と賃金支払いの関係が親会社との間にも成立していると解され、子会社の労働時間管理等の労働条件も親会社が決定しており、子会社の役員の大半が親会社からの出向であるなどといった場合には、例外的に、子会社の社員が加入した地域ユニオンからの団体交渉申入れに対し、親会社に団体交渉の応諾義務が生じることもあると考えられています（このことを「基本的な労働条件等について、雇用主と部分的とはいえ同視できる程度に現実的かつ具体的に支配、決定することができる地位にある場合」〔朝日放送事件──最高裁平成7年2月28日判決・労働判例668号11頁〕と表現したりします）。ただ、労働組合の救済機関である労働委員会では、上記のような状況でなかったとしても、親会社に対して団体交渉に応じるよう命じることが多いのが実状です。

　さらに、上記のような目安や裁判所が示した抽象的な基準はあるものの、それに該当するか否かというのは、労働委員会や裁判所が決めるものです。そのため、上記のような例外的ケースに該当するか否かは、親会社の人事労務担当者や弁護士でも、すぐに判断がつくものではありません。

　そこで、本問のようなケースでは、親会社は、地域ユニオンに対して当該社員の雇用主ではないことから団体交渉には応じかねる旨の回答をし、子会社は、自社が団体交渉に応じる旨の回答を速やかに書面にて送付する対応をとるべきです。親会社を巻き込まないためにも、子会社としては、速やかに、地域ユニオンとの交渉をスタートさせ、実質的な協議を開始し、解決に向けた対応をすることが肝要です。

　　　　　　　　　　　　　　　　　　　　　　　　　　　　（根本義尚）

77

Q11　委託元に対する団体交渉の申入れ

　当社は、ある部門の一セクションを業者にアウトソーシングしていますが、この度、その業者の社員が加入する地域ユニオンから当社に団体交渉の申入れがありました。当社は、アウトソーシングに関する日常の具体的な業務指示は一切しておらず、その社員には当社社員とは違う部屋で作業をしてもらっていますが、当社は、このような場合でも団体交渉に応じる必要があるのでしょうか。

POINT

　団体交渉義務を負う「使用者」は、原則として労働契約上の雇用主をいいます。例外として、①請負業者が実質的に独立の事業者としての実体を有せず、発注元が請負業者の従業員を個人として受け入れ、その勤務および作業を自己の社員と同様に指揮監督し、その賃金額も実質的に決定していた等の事情がある場合には、「使用者」と認められる可能性があります。また、②発注元が請負業者の従業員の作業の日時・時間・場所・環境などの基本的な諸条件を支配決定しているような場合で、「その労働者の基本的労働条件等について、雇用主と部分的とはいえ同視できる程度に現実的かつ具体的に支配、決定することができる地位にある場合」には、その限りにおいて「使用者」と認められる可能性があります。

　これらの例外的な場合には、地域ユニオンからの団体交渉の申入れに応じる必要が生じます。

1　団体交渉義務を負う「使用者」とは

　　労働組合法7条2号は、「使用者が雇用する労働者の代表者と団体交渉をすることを正当な理由がなくて拒むこと」を不当労働行為として禁じており、そのような不当労働行為については労働組合法上の救済制度が設けられています（同法27条以下）。

　この「使用者」とは、原則として労働者との間の労働契約上の雇用主をいうと解されています。

　本問で団体交渉を求めている地域ユニオンに加入している従業員の労働契約上の雇用主は、アウトソーシングしている業者ですから、その業者の委託元である会社が、その従業員の雇用主に当たることはなく、原則として「使用者」に当たることはありません。それ故、ご相談の会社は団体交渉の申入れに応じる必要はありません。

2　委託元が例外的に「使用者」に当たる場合

　では、委託元が例外的に「使用者」に当たり団体交渉の申入れに応じなければならない場合はあるのでしょうか。

　この点について、最高裁判所は、次の2つの例外を認めています。

　第1に、設計を請け負う業者から長期にわたり設計技術者の派遣を受け、社外工として委託元企業の作業場内で勤務させていた事案において、請負業者が実質的に独立の事業者としての実体を有せず（設計技術者数名が請負業者からの派遣で就業しているという体裁を整えるために作った会社に過ぎなかった）、委託元が社外工を個人として受け入れ、その勤務および作業を自己の社員と同様に指揮監督し（同一の設計室で、委託元の用具等を用い、委託元の職制の指揮監督の下、委託元の社員と同一の作業に従事していた）、その賃金額も実質的に決定していた等の事情の下に、委託元が「使用者」に当たると判断したものがあります（油研工業事件——最高裁昭和51年5月6日判決・最高裁判所民事

判例集30巻4号409頁）。

　第2に、構内業務請負において、請負業者が賃金などの労働条件を決定しているものの、発注元が作業の日時・時間・場所・環境などの基本的な諸条件を支配決定しているような場合について、「その労働者の基本的な労働条件等について、雇用主と部分的とはいえ同視できる程度に現実的かつ具体的に支配、決定することができる地位にある場合」には、その限りにおいて「使用者」と認められると判断したものがあります（朝日放送事件――最高裁平成7年2月28日判決・労働判例668号11頁）。

　以上のような最高裁の考え方によりますと、本問で前記第1のような事情が認められるか、つまり、①請負業者が実質的に独立の事業者としての実体を有せず、委託主である当社が請負業者の従業員を個人として受け入れ、②その勤務および作業を自己の社員と同様に指揮監督し、③その賃金額も実質的に決定していた、という事情が認められるか問題となります。本問で、①について、アウトソーシングしている業者が、前掲の油研工業事件のように、業者からの派遣で就業しているという体裁を整えるために作った会社に過ぎなかった等、請負業者が独立の事業者として実体がない場合であれば格別ですが、一般にそのような事情は認められないと考えられますし、また、②についても、日常の具体的な業務指示は一切していないということであり、しかもご相談の会社の社員とは違う部屋で作業をしてもらっているとのことですので、勤務および作業を自己の社員と同様に指揮監督していたという事情は認められません。③の事情の検討をおくとしても、ご相談の会社が「使用者」に当たることはありません。それ故、地域ユニオンからの団体交渉の申入れに応じる必要はないと考えます。

　次に、前記第2のような事情が認められるか否か問題となります。すなわち、地域ユニオンが団体交渉事項として要求している事項、たとえば、「賃金の改善を求める」という要求事項であれば、その要求している労働者の賃金について、当社が「雇用主と部分的とはいえ同視できる程度に現実的かつ

具体的に支配、決定することができる地位にある場合」に当たるか否かが問題となります。前掲の油研工業事件の例で説明すると、本問で、たとえば、アウトソーシングしている業者の従業員に対する個々の賃金を当社が支配決定していたという特段の事情があれば別ですが、そうでなければ、前記第2のような事情は認められず、当社が「使用者」に当たることはありません。確かに請負代金を支払っているのは委託主である当社ですから、その金額いかんではアウトソーシングしている業者の従業員の賃金も変わる可能性はありますが、それ故に委託主がその業者の従業員個々の賃金を現実的かつ具体的に支配、決定しているということにはならないと思います。したがって、地域ユニオンからの団体交渉の申入れに応じる必要はないと考えます。

（三上安雄）

Ⅲ　地域ユニオンから団体交渉を申し入れられた場合の対処法

Q12　団体交渉を拒否するとどうなるか

　当社の社員が地域ユニオンに加入しましたが、当社は地域ユニオンは労働組合と認められないとして、団体交渉を拒否しようと考えています。もし団体交渉を拒否し続けるとどうなるでしょうか。

● ●

POINT

　団体交渉を正当な理由なく拒否すると、労働組合法7条2号が禁じている不当労働行為となります。不当労働行為に対しては、労働委員会への救済手続が申し立てられる可能性がある他、裁判所に対して団体交渉を求めうる地位の確認訴訟、損害賠償請求訴訟などが提起される可能性があります。

A

1　不当労働行為の成立

　会社は労働組合と誠実に団体交渉を行う義務を負っており、団体交渉を正当な理由なく拒否することは不当労働行為となります。労働組合法7条2号は、「使用者が雇用する労働者の代表者と団体交渉をすることを正当な理由がなくて拒むこと」を不当労働行為の一事由として定め、その旨を明らかにしています。

2　不当労働行為の救済申立て

　会社が団体交渉拒否をした場合、労働組合は各都道府県の労働委員会に不当労働行為の救済命令申立てを行うことができます（労働組合法27条）。

　労働組合から救済命令申立てがなされた場合、労働委員会では、その労働組合が法適合組合であるか否かを審査し（資格審査：労働組合法5条1項）、法適合組合であることが立証されなければ、労働組合からの申立ては却下されます（労働委員会規則33条1項2号）。なお労働組合の法適合性に問題がありそうな場合の対処法については、Q4をご参照ください。

　これに対し、その労働組合が法適合組合であれば、労働委員会はその申立ての理由の有無を審査し、申立ての理由があると認められるときは、会社は団体交渉に応じなければならないという旨の命令が労働委員会から出されることになります。

3　地位確認請求

　また、労働組合が労働組合法上の要件を満たしていないとして、会社が団体交渉拒否をした場合、労働組合は裁判所に対して、団体交渉を求めうる法的地位の確認を請求する訴訟を提起することもできます。この場合も、訴訟においてその理由が判断され、理由ありと認められたときは、団体交渉に応ずべき地位があることを認める判決が裁判所から下されることになります。

4　損害賠償請求

　さらに、団体交渉の拒否が不法行為であるとして、労働組合が会社に対して損害賠償請求訴訟を提起することもあります。

　たとえば佐川急便（全日本港湾労組など）事件（大阪地裁平成10年3月9日判決・労働判例742号86頁）では、会社による団体交渉拒否はなんら正当な理由がないばかりか、拒否は頻回（11回）にわたり意図的に行われたものであり、その期間も相当長期（約1年半）にわたっていることなどから、裁判所は不法行為の成立を認め、会社に対し損害賠償を命じました。

　他方、根岸病院（団交権等侵害損害賠償）事件（東京高裁平成18年11月30日判決・労働判例934号32頁）では、実際に団体交渉が行われなかったことは認めつつも、使用者側が定年延長の基本合意が未だ成立していないことを前提として事務折衝の継続を希望していたのに対し、労働組合側が定年延長の基本合意が成立したことを前提とした団体交渉の開催に固執して事務折衝の開催を拒否していたという経緯に照らして、使用者側の対応が誠意のないものとまでは認められないとして、不法行為の成立は否定しました。

　このように、不法行為に基づく損害賠償請求が認められるか否かはケース・バイ・ケースではありますが、少なくとも、団体交渉を正当な理由なく拒否する不当労働行為に対しては、労働組合側から損害賠償請求訴訟が提起される可能性があることは留意しておくべきでしょう。

5　団体交渉を拒否すべきか

　本問のように地域ユニオンから団体交渉が申し入れられた場合、徹底して団体交渉に応じない、という会社側の戦術が成り立ちうるかは実務的には興味深い問題です。

　しかし、本書では、そのような団体交渉拒否の戦術はお勧めしません。なぜならば、団体交渉拒否が正当な理由を欠くならば、労働組合法上、不当労働行為との評価を受けますので、それは法令遵守の観点から適切でないといわざるを得ません。

　また、実際問題として、地域ユニオンの団体交渉申入れに応じないとすると、争議行為は激化し、ビラ配布や街宣活動などによる名誉や信用の毀損といった損害が生じかねない一方で、上記のような労働委員会や裁判所での法的手続にも応じなければならず、結果として会社の負担は増大するように思われます。

　ですから、団体交渉を頑なに拒否するよりは、地域ユニオンとの団体交渉に正々堂々と応じ、問題そのものの解決を図る方が適切と思われます。団体

交渉に応じたとして、地域ユニオンが理不尽な主張に終始し、議論がかみ合わないようなときは、数度の団体交渉を経た後に団体交渉を打ち切って、あらためて司法的解決（労働審判や訴訟）を図ればよいに過ぎません。その場合にも、団体交渉に適切に対応したという事実は裁判所に好印象を与えるはずです。

（大山圭介）

用 語 解 説 ①　不当労働行為救済命令申立事件

　労働組合法 7 条は、使用者（会社）に対して、労働組合や労働者（社員）に対する一定の行為を禁止しています。この禁止された行為が「不当労働行為」です。そして、使用者が禁止されている不当労働行為を行った場合は、労働組合や労働者は労働委員会に対して、同法に規定する特別な救済を求める申立てを行うことができます。この申立てを行うと、労働委員会は「不当労働行為救済命令申立事件」として審理し、申立てに理由があれば、労働組合や労働者を守るため、使用者に一定の行為を命じたり、一定の行為を禁止したりする命令を発します。申立てに理由がなければ、申立てを棄却する命令を発します。

　この不当労働行為救済命令申立事件が特殊なのは、申立てを行うことができる者が労働組合と労働者に限られていることと、その申立ては、裁判所ではなく、独立した専門的行政委員会である労働委員会に行わなければならないことです。

　なお、労働組合は労働組合法 7 条に規定するどの不当労働行為の場合でも申し立てることができますが、同条 2 号の団体交渉の拒否の場合は、労働組合のみが申立てを行うことが可能で、所属する組合員は申立てを行えないと解されています。

（廣上精一）

Q13　地域ユニオンの交渉担当者

　当社には労働組合がありませんが、この度、地域ユニオンから基本給引上げに関する団体交渉の申入書が届きました。確かに、申入書からすると、当社の社員が組合員となったようですが、その他記載されている執行委員長や交渉担当者２名は全く面識のない人達です。しかも、交渉担当者の１名はその地域ユニオンの組合員でもないとのことです。当社は、このような労働組合との間で団体交渉をしなければならないのでしょうか。

● ●

> ### POINT
>
> 　労働組合法は、地域ユニオンも労働組合としての保護を受けることを規定しています。
>
> 　労働組合は、組合員以外の第三者に対して交渉権限を委任して交渉担当者とすることもできます。

　労働組合法２条柱書本文は、「この法律で『労働組合』とは、労働者が主体となって自主的に労働条件の維持改善その他経済的地位の向上を図ることを主たる目的として組織する団体又はその連合団体をいう」と定めています。つまり、同法は、会社と労働組合および労働組合員との関係、組合員の人数等については全く触れていません。したがって、会社の社員ではない者が組合員や交渉担当者であったとしても、労働組合に該当することになります。

　わが国においては、労働組合といえば、歴史的にみても、特定の会社に働く社員を職種の区別なく組織した企業別組合を指すことがほとんどです。このような企業別組合の場合、会社の交渉相手である組合員も自社の社員であって、全員が顔見知りの人であることから、お互いをある程度知っているこ

とになり、交渉内容や行動等についても、ある程度予測することができます。

　しかし、地域ユニオンは、企業別組合とは異なり、自社の社員は1人だけであるケースが多いのが実状です。そのため、会社は、団体交渉に出席する組合員のほとんどと面識がありません。このような中で団体交渉を行わなければならないので、相手を知らず、交渉内容や行動等についても予測することが難しいことから、会社としては不安になってしまうのだと思います。

　また、労働組合法6条は、「労働組合の代表者又は労働組合の委任を受けた者は、労働組合又は組合員のために使用者又はその団体と労働協約の締結その他の事項に関して交渉する権限を有する」と定めています。要するに、労働組合は、交渉担当者を自由に決めることができることになり、組合員である必要もありませんので、地域ユニオンの上部団体の役員や弁護士が交渉担当者として出席することもあります。

　以上から、本問のケースにおいても、会社は、団体交渉に応じる必要があります。

（根本義尚）

87

Q14 解雇した社員の団体交渉

　当社が解雇した元社員が地域ユニオンに加入したとのことで、先日、その地域ユニオンが当社に解雇の撤回を求めるための団体交渉を申し入れてきました。既に当社の社員ではなく、また、解雇から半年が経過していますので、団体交渉はお断りしようと考えていますが、いかがでしょうか。

POINT

　労働組合が解雇それ自体を団体交渉のテーマにしてきた場合は、会社が「解雇したので、既に当社の社員ではない」ということだけで団体交渉を拒否すると、後で不当労働行為と判断されてしまう可能性があります。

A　不当労働行為の1つである「団体交渉の拒否」に関する労働組合法7条2号は、「使用者が雇用する労働者の代表者と団体交渉をすることを正当な理由がなくて拒むこと」と規定しています。したがって、本問のような場合、会社が「解雇したので、既に当社の社員ではない。だから団体交渉に応ずる必要はない」と考えるのは、自然なことかもしれません。

　しかし、よく考えてみてください。解雇の有効・無効を争う裁判で、会社側が「解雇したので、既に当社の社員ではない。だから裁判に応ずる必要はない」と主張しても、裁判所から「これからその解雇が有効か否かを裁判所が判断します」と言われてしまうと思います。

　裁判であれば、会社側は、ただ単に「解雇は法的に有効である」と主張するだけでなく、会社が解雇権を行使することができる根拠である就業規則を証拠として提出し、そのどの条項に該当するのかということを主張しなけれ

ばなりません。

　さらに、会社側は、該当する条項に対応する具体的な事実関係を主張し、その事実関係が実際にあったという証拠を提出しなければなりません。

　つまり、解雇の裁判では、会社側が、解雇が有効であることを主張し、かつ、主張したことを立証しなければなりません。

　団体交渉の場合は、上記の裁判のような厳密な意味での主張立証責任が決まっているわけではありませんが、ごく大まかにいえば、解雇がテーマの団体交渉においても、会社の方が、その解雇が有効なもので、かつ、常識からしても解雇は相当なものである、ということを労働者や労働組合に説明する必要があります。そして、解雇の有効性や相当性の説明においては、その裏付けとなる具体的な事実関係を説明する必要があります。

　すなわち、会社は、その解雇が就業規則のどの条項に基づくものかを説明し、かつ、その条項に対応する具体的な事実関係を説明する必要があります。さらに、常識からしても解雇は相当なものであること、すなわち、会社としては解雇以外の方法は考えられず、社会的にみても、このような場合は解雇されても止むを得ないものである、ということを具体的に説明する必要があります。

　なお、会社が団体交渉を拒否する場合は、会社が以上のような説明を行ったということを証拠として残しておく必要がありますので、必ず文書で行ってください（後日のために配達証明付の内容証明郵便がよいと思います）。

　このような文書による説明を会社が行っておけば、後に労働委員会や裁判所から、団体交渉の拒否という不当労働行為に該当する、と判断される可能性は少しは低くなると思います。

　ただし、労働組合、特に地域ユニオンが以上の説明で団体交渉の要求を諦めるか否かは、また別の問題です。会社は、できるだけ詳細な事実関係を説明し、粘り強く対応する必要があります。

（廣上精一）

用語解説② 労働委員会

労働委員会は、不当労働行為の救済手続、労働争議の調整（あっせん・調停など）、労働組合の資格審査などを担当する独立の専門的行政委員会です。労働組合法（19条以下）に規定されている労働委員会には、厚生労働大臣の所轄とされる中央労働委員会、それと各都道府県知事の所轄とされる各都道府県労働委員会があります。個々の労働事件を取り扱う労働委員会は、公益を代表する公益委員、労働者を代表する労働者委員、使用者を代表する使用者委員の三者で構成されています。

労働委員会の最も重要な任務は、本書で度々登場する不当労働行為救済命令申立事件の審理を行い、申立てに理由があると判断する場合は救済命令を発し、理由がない場合は棄却命令を発することです。そして、各都道府県の労働委員会の救済命令や棄却命令に異議がある場合は、中央労働委員会に再審査の申立てができます。

さらに、各都道府県の労働委員会の命令、または、中央労働委員会の再審査の命令に対して異議がある場合は、裁判所に対し、その命令の取消しを求める訴訟を提起することができます。したがって、不当労働行為救済命令申立事件は、裁判所での三審制を入れれば、五審制になることもあります。

（廣上精一）

Q15　退職後、長期間経過した後の団体交渉申入れ

　当社の前身は、30年前までアスベストを使った製品を製造していました。現在は業種も変わっており、アスベスト製品を製造していた社員は誰1人在籍していません。そのような中、30年前に退職したという元社員が加入した地域ユニオンから、「アスベストが原因で肺がんになったので、賠償せよ。ついては、団体交渉を申し入れる」との団体交渉申入書が届きました。当社には、その元社員のことを知る社員は誰1人おりません。

　このような場合、当社は団体交渉に応じなければならないのでしょうか。

POINT

　退職後、長期間経過したという理由のみでは団体交渉を拒否することはできません。

　もっとも、退職後、長期間経過していることによって会社にも資料が残されていないこともあるため、その場合には、会社から地域ユニオンに対して資料の提供を求めつつ対応すべきです。

　不当労働行為の1つである「団体交渉の拒否」に関する労働組合法7条2号は、「使用者が雇用する労働者の代表者と団体交渉をすることを正当な理由がなくて拒むこと」と規定しています。したがって、会社としては、既に退職から30年も経過している元社員が加入した地域ユニオンからの団体交渉の申入れに応じる必要がないと考えることは自然なことです。また、本問では、現在の会社は元社員が在籍していた当時の製品を製造していないばかりか、当時のことや元社員のことを知っている社員は誰もいないということですので、団体交渉に応じても実質的な協議ができないと思われ、団体交渉に応じる意味がないと感じてしまうこ

ともやむを得ないことです。

　実際の裁判例でも解雇後9年近く経過していた事案において、団体交渉拒否に正当な理由があると判断したケースもあります（三菱電機鎌倉製作所事件——東京地裁昭和63年12月22日判決・労働判例532号7頁。もっとも、日本鋼管鶴見造船所事件——最高裁昭和61年7月15日判決・労働判例484号21頁は、解雇後、7年近くが経過した後の交渉申入れについて団体交渉義務を肯定しています）。

　しかし、退職後30年経過後にアスベストが原因で肺がんになったことについて労災認定を受けることも考えられないわけではありません。そのような場合、元社員が、在職中や退職直後に会社に賠償等を求めることはできません。アスベスト被害のように発症までの潜伏期間が非常に長いという特殊な事案については、被害者の保護も一定程度考える必要も生じてきます。そのようなことから、退職から長期間経過したという事実だけで会社が団体交渉に応じなくてよいとは解されていません。もっとも、元社員が死亡し、その後に労災認定や石綿健康被害救済法による認定を受けたことから、亡くなった元社員の遺族が新たに地域ユニオンに加入して団体交渉の申入れをしてくることもあります。しかし、この場合には、地域ユニオンは「使用者が雇用する労働者の代表者」には該当しないので、会社は遺族（地域ユニオン）からの団体交渉に応じる必要はありません（住友ゴム工業事件——大阪高裁平成21年12月22日判決・判例時報2084号153頁）。ただし、遺族とともに、別の元社員が地域ユニオンを通じて団体交渉の申入れをしてきた場合には、会社は、実際には申入れに応じざるを得ないでしょう。

　なお、団体交渉に応じなければならない場合であっても、会社としては元社員であったことが確認できない場合もあります。そこで、会社としては、団体交渉に応じるか否かを判断する前提として、地域ユニオンからその元社員が会社に在籍していたことやアスベスト関連作業に従事していたことに関する資料の提供を求めるべきです。一般的には、労災認定通知や労働基準監督署への申請書類、石綿やじん肺に係る健康管理手帳やじん肺健康診断結果

証明書等の資料の提供を求めてください。

　ちなみに、本問のような事案において、団体交渉申入れ要請行動やそれに係る書面等の表現が著しく不穏当だった場合において、裁判所は、会社の団体交渉拒否に正当な理由があったと判断したこともあります（ニチアス事件——東京地裁平成24年 5 月16日判決・労働経済判例速報2149号 3 頁）。

（根本義尚）

Q16　開催日時・開催場所等

　地域ユニオンから、組合員となった当社の社員個人の残業代請求について、団体交渉の申入書が届きました。団体交渉の日については1週間後、場所については当社の会議室と指定されています。当社はどのように対応したらよいでしょうか。

● ●

POINT

　団体交渉の申入書が届いたことについて驚かれる方もいらっしゃるかもしれませんが、まず落ち着いてください。法律上労働組合からの団体交渉の申入れについて、それが組合員の労働条件などに関わるものであれば、正当な理由なく拒むことはできませんので、団体交渉に応じざるを得ないことになりますが、団体交渉をいつ・どこで・どのくらいの時間行うかは労使双方で取り決めるものです。それ故、地域ユニオンから団体交渉の日時・場所を指定されたとしても、会社から応じることができる日時・場所での開催を要請すればよいのです。特に、団体交渉の日時については、会社として団体交渉の準備にかかる期間を考慮して会社として応じられる日時を要請することが肝要です。

A

1　心構え

　まず、団体交渉申入書を普段見慣れていない経営者の方は驚かれるかもしれません。しかし、団体交渉の申入れについては、それがいわゆる義務的団交事項、すなわち、組合員である社員の労働条件その他の待遇や使用者と労働組合との労使関係の運営に関する事項（労使間のルール）に関する事項で、かつ使用者が処分可能な事項についての団体交渉の要求であれば、会社は正当な理由なく拒むことはできません（労働組合法7条2号）。

　本問では社員の残業代請求という労働条件に関する団体交渉の申入れですから、会社は団体交渉に応じざるを得ないということをまず理解し、申入れに応じることを前提に地域ユニオンに回答する必要があります。

　ただし、地域ユニオンが求める開催日時・開催場所において団体交渉に応じなければならないというルールはありません。団体交渉をいつ・どこで・どのくらいの時間行うかは労使双方で取り決めるものです。それ故、地域ユニオンから団体交渉の日時・場所を指定されたとしても、会社が応じることができる日時・場所での開催を要請すればよいのです。開催場所についてはQ19で説明しますので、ここでは、特に、団体交渉の日時について説明します。

2　開催日時について

　会社が応じることができる開催日時を地域ユニオンに提示するに当たり、以下の2つの点を検討する必要があります。

　まず、だれが団体交渉に出席するのか、予め社内で検討し、その出席予定者が出席可能な日時で開催予定候補日を決める必要があります。出席予定者については、Q18を参照してください。

　次に、開催日時を考えるうえで、特に重要な点は、会社として団体交渉に向けた準備が可能な日時を提案する必要があるということです。団体交渉を申し入れられてから、開催が2週間〜3週間程度先になることも考えられますので、その間に十分に準備を行って臨む必要があり、その準備期間も想定して開催日時の候補日を組合に提示すべきでしょう。

　この準備についてはQ30からQ35で説明しておりますが、ポイントのみ指摘すると、①地域ユニオンからの要求に対する回答の準備（できれば口上書きを作っておくと正確に回答できると思います）、②地域ユニオンからの反論・質問等に対する会社からの回答案（いわゆる想定問答）の準備が必要です。

（三上安雄）

Q17　団体交渉の時間

　パート社員の雇止めをめぐって地域ユニオンから団体交渉が申し入れられ
ました。その団体交渉申入書には、希望日と開始時刻が記載されているだけ
で、終了時間は記載されていませんでした。そこで、電話でどのくらいの時
間がかかるのかを聞いたところ、「大体、2時間くらい」とのことでした。

　しかし、実際には、4時間を経過しても全く終わる気配はなく、15分間の
途中休憩を入れることになりました。再開したので、あとどの位かかるのか
と質問したところ、地域ユニオンから「結論が出るまで続けるしかない。雇
止めで生活が脅かされている。途中で打ち切ると不当労働行為になる」と言
われました。結局、その団体交渉は真夜中まで行われ、終電の時刻を過ぎて
いたため、会社側の出席者はタクシーで帰宅することになりました。

　団体交渉を一旦途中で打ち切ることは許されないのでしょうか。

● ●

> ### 📎 POINT
>
> 　団体交渉は1回限りのものではありませんので、会社は相当な時間
> が経過すれば一旦打ち切っても構いません。
> 　また、会社は、団体交渉の申入書には必ず文書で回答し、その文書
> に団体交渉の時間を記載しておいた方がよいと思います。

A　1　団体交渉の時間について

　団体交渉をどのくらいの時間行うかは、労使双方が、事前に、
あるいは、その団体交渉において、協議して決めるべきことです。

　したがって、地域ユニオンが一方的に決めることができるわけではありま
せん。

　ただし、会社には誠実に団体交渉を行う義務がありますので、ごく短時間で団体交渉を終わらせるわけにはいきません。団体交渉で協議すべき議題について、労使双方がそれぞれの主張を述べ、また、それぞれが相手方の主張に対する反論を述べる程度の時間は必要です。議題にもよりますが、通常は２時間程度は必要でしょう。

　しかし、団体交渉は１回限りのものではありません。また日をあらためて協議するということも可能であり、実際にもそうしています。そもそも会議はやみくもに長い時間をかければよいというものではありません（一般的にも、長時間の会議は実りの少ないものが多いようです）。上記の２時間程度というのは、一般的に、必要にして十分な時間ではないかと思われます。

2　長時間になった場合の対処

　団体交渉で協議すべき議題について、労使双方がそれぞれの主張を述べ、また、それぞれが相手方の主張に対する反論を述べたにもかかわらず、団体交渉がまだ続いているのは、地域ユニオンが団体交渉の申入書に記載されていない新たな要求を突きつけてきたり、それぞれが、議題と全く関係のない主張をしたり、同じ話を蒸し返している場合がほとんどです（なお、実務的には、会社側の出席者が要領を得ない回答をしている場合も考えられます）。

　新たな要求の場合は、会社にも検討する準備と時間が必要であると告げて、別の機会に文書で再度申し入れて欲しいと要求して構いません。

　地域ユニオンが、議題と全く関係のない主張をしたり、同じ話を蒸し返している場合は、そのことを指摘して、「今日の団体交渉はこれで終わりにします」と宣言して構いません。これに対して、会社側の出席者がそのような発言をしている場合は、そのことを指摘して直ちに制止してください。

　地域ユニオンが「不当な団体交渉の拒否だ」などと主張することも考えられますが、会社が以上のような対応をしても不当労働行為にはなりません。

　ただし、団体交渉の議題次第では、２時間程度では十分な団体交渉を行っ

たとはいえない場合もあります。議題との関係で団体交渉に必要となる時間が決まるからです。また、最初の団体交渉と何回か行った後の団体交渉では、自ずと必要となる時間が変わってきます。通常は、最初の方は長めで、だんだん必要となる時間が少なくなってきますが、妥結間際の団体交渉はかなり長くなることがあります。

3　団体交渉の申入れがあったときの注意点

　なお、本問のような事態を避けるため、団体交渉の申入れがあった場合は、会社は必ず文書で回答し、その文書の中に、出席予定者や希望する日時だけでなく、希望する時間も記載しておいた方がよいと思います。一般的には、「○時から2時間以内」などと記載しています。

　このような記載をしておけば、「所定の時間を過ぎています。この後、別の用件がありますので、今日はここで終わりにさせていただきます」と言うことが可能です。

（廣上精一）

Q18 団体交渉の会社側出席者

　地域ユニオンと団体交渉を行うことになりましたが、その地域ユニオンは当社の社長の出席を執拗に求めてきます。その地域ユニオンは、「労働組合が社長の出席を求めているのに、社長が出席しないと、不当労働行為になる」と言っています。

　団体交渉には社長が出席しないといけないのでしょうか。

・・・・・・・・・・・・・・・・・・・・・・・・・・・・

POINT

　労働組合側の出席者は労働組合側が決めます。同じように、会社側の出席者は会社側が決めます。

　ただし、会社側出席者の回答が不十分な場合、そのような不十分な回答が続くと、不誠実な団体交渉として不当労働行為に該当する場合があります。

　まず、労働組合の交渉権限を有する者について、労働組合法6条は「労働組合の代表者又は労働組合の委任を受けた者」と規定しています。

　したがって、労働組合側の担当者は、労働組合の代表者と、労働組合から委任を受けた者ということになります。

　そして、労働組合から交渉権限の委任を受けることができる者の範囲については特に制限はありません。したがって、その労働組合の執行部のメンバーである必要はなく、その労働組合の組合員である必要もありません。労働組合から委任を受けた者であれば、上部団体の組合員、ほかの労働組合の組合員、弁護士など、どのような者でもよいと解されています。

　次に、会社側の交渉権限を有する者については、労働組合法には規定があ

りません。

　会社の代表者（代表取締役）が担当者になりうることは当然のことですが、会社の代表者が団体交渉に出席すれば、労働組合から即答や即決を求められることも当然のことです。団体交渉に会社の代表者が出席しているにもかかわらず、労働組合の要求や質問に対し、回答を拒否したり、曖昧な回答をすれば、不誠実な団体交渉として労働組合法7条2号の不当労働行為に該当する可能性もあります。したがって、会社側に即答・即決の覚悟がないのであれば、代表者の出席は団体交渉の行方を見据えたうえで判断した方がよいと思います。

　代表者以外の役員や社員が交渉権限を有するか否かは、その会社の組織内における権限によって決まることになりますが、一般的なところでは、総務・人事・労務の担当役員、管理本部長、総務部長、人事部長、労務部長といった役職を有する方は交渉権限を有しているものと思われます。

　もちろん、会社側も交渉権限を外部の人に委任することができます。その会社の顧問弁護士に委任することはよく行われています。

　なお、労働組合側から、会社側の出席者について、団体交渉の議題について決定権限がないという理由でクレームがつくことがありますが、労働組合側においても交渉権限と決定権限は別のものであり、決定権限がないというクレームには根拠がありません。団体交渉を行ったうえで決定権限がある者に諮（はか）る、ということはよく行われていることです（この点でも代表者の出席は必ずしも必要ではありません）。

　しかし、会社には労働組合と誠実に交渉にあたる義務があります。

　会社側の出席者が、代表者が出席していないことを口実として、労働組合の要求や質問をただ聞いているだけであったり、あるいは、「会社に戻って相談する」という態度に終始したり、一般論を述べただけで実質的に回答をせず、何一つ進展しないような場合は、不誠実な団体交渉を行ったものして、労働組合法7条2号の不当労働行為に該当することになります。

　会社側の出席者に決定権限がない場合は、次回の団体交渉において、検討結果とその理由を開示する必要があります。次回の団体交渉において検討結果を伝えられない場合は、その理由、および、検討結果を伝えられる時期を明確にする必要があります。

　なお、以上のように、会社には労働組合と誠実に交渉にあたる義務がありますが、これは会社が労働組合側の要求や提案を受け入れなければならない義務ではありません。労働組合側の要求や提案を受け入れることができない合理的な理由を誠実に説明すれば、不誠実な交渉とはなりません。

（廣上精一）

Q19　団体交渉の開催場所と費用負担

　当社が解雇した社員が地域ユニオンに加入しました。その地域ユニオンから団体交渉を申し込まれましたが、地域ユニオンが指定してきた「組合事務所または貴社内」というのは、困ります。近くの会議室での開催を提案したいのですが、可能でしょうか。また、可能な場合、会議室の使用料を地域ユニオンに請求できますか。

● ●

POINT

　労働組合が提示する団体交渉の開催場所での開催に応じなければならないルールはありません。会社として適当と考える場所（近くの会議室等）での開催を要請することは可能であり、労使双方で調整し、合意のうえ、会社が求めた場所で開催することも十分に可能でしょう。ただ、会議室の使用料を組合に請求するということになると、組合は、会議室利用を言い出したのは会社であるとして難色を示すこともありますので、その場合を考慮した対応が求められます。

A

1　団体交渉の開催場所

　第１部Ⅲ５(3)(16頁)でも触れましたが、開催場所を組合事務所あるいは社内とすると、団体交渉そのものがエンドレスになる可能性があります。要するに予め決められていた団体交渉時間（たとえば「２時間以内」）を超えても、まだ、その場所での交渉に支障がないわけですから、組合から「納得いくまで団体交渉をこのまま続けましょう」と言われ、エンドレス交渉になりかねません。

　また、社内で行う場合、団体交渉を行う会議室内の状況や話し声が外に漏

れないということであれば弊害は少ないかもしれませんが、多少でも会議室の外に団体交渉の状況や話し声などが漏れるということであれば、団交の開催状況によっては、社内の混乱を招くことにもなりかねません。

　そこで、実務的には、組合事務所でもなく、また社内でもない、他の場所（たとえば公民館等の会議室を借りる）で決められた開催時間の範囲内で団体交渉を行う方法が多くとられており、妥当な方法だと思われます。

　したがって、会社として適当と考える場所（近くの会議室等）での開催を要請することは可能であり、双方で調整し、合意のうえ、会社が求めた場所で開催することは十分に可能でしょう。

2　会社提示の開催場所と費用の負担について

　問題は、その会議室を借りた費用をどう負担するかです。確かに、ご質問のとおり団体交渉を行うのは労使双方であるから、団体交渉を行った会議室の費用は労使双方で分担すべきであるというのは、正論ですし、会社として組合に対し、事前に会議室を借りるに当たり、費用の負担（応分の負担として折半した費用）を求めること自体法律上制限されるものではありません。

　ただ、筆者の経験上、そのような求めに対し、地域ユニオン自体は、「私たちは会社に対して費用のかからない開催場所ということで組合事務所あるいは社内でも結構ですと申し上げている。それに対してわざわざ社外で有料の場所で行いたいと言っているのは会社の方です。当方はそれを望んでいるわけではありませんから、それに対して費用を負担するいわれはない」と主張し、費用負担に応じない姿勢をとる可能性があります。

　このような場合に、費用負担の問題で開催場所をめぐり労使双方が団体交渉開催を伸ばすのがよいかどうかも含め、この問題を検討する必要があります。費用負担がどの程度かにもよりますが、実務上、その負担についてはあえて会社負担として団体交渉の開催場所をまずは社外の会議室と決めて開催に応じるという現実的な選択をしているケースも多くあります。（三上安雄）

Q20　団体交渉の出席人数

　地域ユニオンとの団体交渉の場所を近くの会議室とし、地域ユニオンには出席者を双方5名程度でお願いしたい旨通知しておりましたが、団体交渉当日、地域ユニオンは20名もの大人数で会場に来ました。この場合、どうしたらよいでしょうか。

・・・・・・・・・・・・・・・・・・・・・・・・・・・・・・・・・・・・・・

POINT

　団体交渉における出席人数について法律上特に制限はありません。しかし、会場の広さの関係から入ることができる（椅子に座ることができる）人数にも限りがある等の理由で、事前に地域ユニオンに対し、その人数の制限を求めること自体には合理性があり、許されることです。それでも、地域ユニオン側が会場に入りきれない人数で来場した場合は、地域ユニオンに対し、入場する人数を制限してもらう他ありません。

A

1　団体交渉に出席する人数

　まず、団体交渉に出席する労働組合については、労働組合法6条に「労働組合の代表者又は労働組合の委任を受けた者」が交渉する権限を有するとされています。この「代表者」は労働組合の対外的代表者を指し、一般に執行委員長がこれに当たると解されています。また、他の組合役員や組合員、弁護士等は、組合から委任を受けた者として団体交渉に出席することが可能です。

　問題は、この団体交渉に出席する人数ですが、人数に関しては、労働組合法をはじめ法律上特に制限はされていません。

　しかし、交渉の場所については労使双方で取り決められるものであり、会社がたとえば会議室を借りた場合、当然ながらその場所に入ることができる人数（椅子に座ることができる人数）には限りがあります。

　また、あまりに大人数の場合、発言者が多数に及び、議論が錯綜する等、実質的な議論ができないおそれもあります。

　それ故、会社が、事前に地域ユニオンに対し、団体交渉に出席する人数について、「双方〇名程度でお願いします」などと制限を求めること自体には合理性があり、許されることです。

2　大人数で来場した場合の対応方法

　では、そのような人数の制限を求めていたにもかかわらず、地域ユニオン側が大人数で会場に押し掛けてきたときは、どうしたらよいのでしょうか。

　会議室に入ることができる人数（椅子に座ることができる人数）に限りがあり、現実にその人数の一部しか入れないような場合であれば、地域ユニオン側に会議室に入場する人数を制限してもらうよう、対応を求める他ありません。

　それでも全員入場したいという場合はどうでしょうか。

　まず、その会場の関係から物理的に無理ということであれば、その会場で団体交渉を開催すること自体不可能ですので、地域ユニオン側で物理的に入場可能な人数に制限ができない以上、その日の開催を見送る他ないと思います。この場合、次回以降の出席人数について地域ユニオンとの間で協議して取り決めることになります。

　では、地域ユニオンとの間で当初取り決めた人数と異なる人数が来場した場合、当初の約束と違うことを理由に団体交渉を断ることができるでしょうか。団体交渉を拒む正当な理由（労働組合法7条2号）があるか否かが問題となります。単に当初の約束と異なる人数が来場してもその会場に物理的に入場することが可能な場合や、大人数で統制がとれず混乱をきたしているな

どの弊害が認められる場合であれば格別、そうではなく会社として入場を認めても差し支えがないような場合であれば、単に約束違反というだけでは団体交渉を拒む正当な理由に当たらないと考えられます。

　筆者は実務上そのような事態を経験したことがありました。椅子に座れない組合員が「2時間でも席の後ろに立っているから入場させてくれ」と強く求めたのです。入場してもらってもよいのですが、大人数が発言するとなると団体交渉で実質的な議論ができないおそれがあります。そこで、発言については組合側でテーブルについている5名の方に限定してもらうことを条件とし、それを組合が了解したことから、会社も大人数の入場を了解したことがあります。このように入場を認めるにしても、少なくとも発言者の制限は必要ではないかと思います。

（三上安雄）

Q21　団体交渉の開催時刻と賃金カット

　この度、地域ユニオンとの間において、組合員となった社員の労働条件向上に関する団体交渉を受けることになりました。しかし、地域ユニオンは午前9時から午後6時の勤務時間内で、しかも賃金カットなしでの団体交渉を頑なに要求してきています。当社としては、繁忙期でもあり、業務に支障が生じることになるので、勤務時間外での交渉をするよう求めたいのですが、問題はありますか。

POINT

　団体交渉の開催日時については、労使双方で取り決めるものですから、会社から、団体交渉を勤務時間外で行いたいと地域ユニオンに申し入れることは十分に可能です。むしろ、勤務時間内は労働者として労務を提供する義務があるわけですから、勤務時間内に団体交渉を行うことはお勧めできません。仮に、勤務時間内に団体交渉を行うにしても、ノーワーク・ノーペイの原則から、団体交渉で就労できなかった時間については賃金カットするのが相当です。賃金カットしないという例外を一旦認めると、後になってその取扱いを変えること（賃金カットする取扱いとすること）が難しくなってしまいます。

A

1　団体交渉の開催時刻

　Q16で説明しているとおり、団体交渉の開催日時は労使双方で取り決めるものですから、地域ユニオンが要求した時刻、本問でいうと勤務時間内で開催しなければならないルールはありません。会社は勤務時間において労働者に労働をするよう求める権利（労働請求権）を有し、他方、

労働者は勤務時間中会社に労務を提供する義務（労務提供義務）があります。団体交渉への出席を理由に当該組合員（社員）が業務から離れると、労務提供がなされなくなることによって業務上の支障が生じることが想定されます。本問のように繁忙期の場合、業務上の支障はなおさらであると考えられます。それ故、会社から、団体交渉を勤務時間外で行いたいと地域ユニオンに申し入れることは十分に可能です。

　それでも地域ユニオンが勤務時間中における団体交渉の開催を主張してきた場合、はたして会社が勤務時間中であることを理由に団体交渉を拒むことが可能でしょうか。正当な理由がない団体交渉拒否は不当労働行為（労働組合法7条2号）となることから、勤務時間中であることが正当な理由に当たるか否かが問題となります。

　上述したとおり、会社は勤務時間において労働者に労働をするよう求める権利（労働請求権）を有し、労働者は勤務時間において会社に労務を提供する義務（労務提供義務）があります。そして、労働組合に認められる団体交渉権もそのような使用者の労働請求権を奪い、労働者に対し労務提供義務を免れさせるものではありません。それ故、会社が労働請求権を放棄してまで勤務時間中の団体交渉に応じなければならないと解することはできず、むしろ、労働者に対する労働請求権を失うことになる勤務時間中の団体交渉を拒否することに原則として正当な理由があると解されます。

　ただ、例外としてその正当性の検討を必要とする場合があります。たとえば、既にこれまで勤務時間中での団体交渉を認めた経緯があるような場合です。このような経緯があるにもかかわらず、急遽勤務時間中の団体交渉を拒むような場合は、これまでと異なる事情が生じた等、勤務時間中の団体交渉を拒む正当な理由があるといえる具体的な事情・理由（たとえば、これまで特に業務上の支障が生じなかったので勤務時間中の団体交渉を認めてきたが、今回、出席予定の組合員が担当する業務が多忙で勤務時間中の団体交渉出席により業務に支障が生じる）が必要になると考えられます。

　以上のようなことを考えれば、勤務時間中の団体交渉を認めることは、後に具体的な事情もなく勤務時間中の団体交渉を拒むことが難しくなってしまう可能性があるということに留意しておく必要があります。

　もっとも、地域ユニオンが会社に対して勤務時間中の団体交渉を求める理由は様々で、ときに会社として勤務時間内での団体交渉に応じることもあり得ます。筆者が経験した例として、就業後の団体交渉ではどうしても団体交渉開催予定場所に本人が到達する時間帯が遅くなってしまう等の事情があった場合に、勤務時間内に団体交渉を行ったというケースもあり、その場合の留意点は次のとおりです。

2　勤務時間中の団体交渉と賃金カット

　会社は社員の労務の提供に対して賃金を支払いますので、社員が労務を提供しない場合、会社はその社員には賃金を支払いません。これをノーワーク・ノーペイの原則といいます。

　したがって、仮に勤務時間内に団体交渉を行う場合、その団体交渉の出席のために労務を提供しなかった時間については、この原則により会社はその社員に対しては賃金を支払わない（賃金カットする）のが原則です。

　もっとも、会社が地域ユニオンに対する便宜供与として、組合員が団体交渉に出席している時間について賃金カットしないという取扱いをすることは禁止されていません（労働組合法7条3号但書）。ただ、このような例外的な措置を認める前に、十分にその後の影響も考えて検討する必要があります。

　すなわち、地域ユニオンの組合員に対して一旦このような便宜供与を認めると、それ自体が既得権となり、それ以降にそのような便宜供与をやめて賃金カットすることが難しくなってしまいます。後に便宜供与をやめることを捉え、地域ユニオンあるいはその組合員に対する不利益な取扱い（労働組合法7条1号）に当たり不当労働行為である、と地域ユニオンから主張されかねません。以上の点は十分に留意する必要があります。　　　　　　（三上安雄）

Q22　地域ユニオンの要求や主張が不明な場合

　先日、自己都合で退職した社員が地域ユニオンに加入したとのことで、突然、その地域ユニオンから当社に団体交渉の申入書が送られてきました。しかし、退職した社員は自分から退職しただけで、団体交渉を申し入れられた理由が全くわかりません。団体交渉の申入書にも議題として「退職問題」と書いてあるだけで、地域ユニオンの要求や主張がどのようなものなのか、当社には全くわかりません。

　当社はこのまま団体交渉を受けるしかないのでしょうか。

POINT

　まず、地域ユニオンからの文書をすべてよく読んでください。地域ユニオンから、団体交渉の申入書だけでなく、労働組合加入通知書といった文書も一緒に送られてくることがありますので、すべての文書をよく読んでください。

　次に、地域ユニオンの要求や主張がわからないまま団体交渉を受けてはなりません。どうしてもわからなければ、文書で直接地域ユニオンに質問して構いません。

　なお、社内の調査は構いませんが、退職した本人には直接関与しないでください。

　まず、地域ユニオンから送られてきた文書のすべてをよく読んで、地域ユニオンの要求や主張がどのようなものなのか、文書から読み取ってください。

　最初の申入れのときは、「団体交渉申入書」だけでなく、「労働組合加入通知書」を一緒に送ってくることが多いようです。そして、その加入通知書の

方に、退職した社員が地域ユニオンに加入した理由、すなわち、退職した社員が不満に思っていることが記載されていることもあります。そういった記載から地域ユニオンの要求や主張を読み取ることが大切ですので、地域ユニオンから送られて来た文書はすべてよく読んでください。

　次に、地域ユニオンから送られてきたすべての文書をよく読んでも、地域ユニオンから団体交渉を申し入れられた理由が全くわからない場合は、会社のほうから地域ユニオンに文書を送り、どのような要求なのか、その要求の理由はどのようなものなのか、ということを質問すべきです。地域ユニオンの要求や主張がわからないまま漫然と団体交渉に臨むようなことは決してしないでください。

　なお、会社から地域ユニオンに文書を送る方法ですが、通常、地域ユニオンからの「労働組合加入通知書」や「団体交渉申入書」に地域ユニオンの連絡先が記載されていますので、そこに郵送またはFAXしてください。

　その社員が退職届を出した理由について、会社が社内で聞き取り調査をすることは構いません。

　しかし、会社が退職した本人に直接質問するようなことは決してしないでください。労働組合に加入した者に会社が直接コンタクトを取ると、「支配介入」という不当労働行為（労働組合法7条3号）になる可能性がありますので、くれぐれもご注意ください。

（廣上精一）

Q23　無断で会社施設へ立ち入っての団体交渉申入れ

地域ユニオンの執行部2名が、組合員となった在職中の社員とともに、社員通用口から無断で警備員の脇を通り、社員しか入れないエリアに入ってきて、その場にいた社員に団体交渉の申入書を提示し、そのまま団体交渉をするよう求めてきましたが、どのように対応したらよいでしょうか。

● ●

POINT

会社には施設管理権があり、それに基づく対応が許されます。

事前に施設管理規程や来客対応マニュアル等を定め、日頃から社員以外の外部者への対応を明確にしておくことが重要です。

A 会社には施設管理権があります。すなわち、会社は、「職場環境を適正良好に保持し規律のある業務の運営態勢を確保するため、その物的施設を許諾された目的以外に利用してはならない旨を、一般的に規則をもって定め、又は具体的に指示、命令する」権限を有しています（国鉄札幌運転区事件——最高裁昭和54年10月30日判決・判例時報944号3頁）。そして、このような権限のことを施設管理権と呼んでいます。

　会社としては、その施設内に、いつ・誰が・どのような目的で訪問したのかなどを把握しておく必要があり、社員が加入した地域ユニオンの執行部であったとしても、社員通用口から無断で会社施設内、しかも社員しか入れないエリアに入ることを無条件に許さなければならない理由はありません。そこで、会社は、施設管理権の行使の1つとして、社員以外の外部者が会社施設内に入る際の諸手続等をまとめた施設管理規程や来客対応マニュアル等を定め、その定めに従った対応を外部者に対して求めるべきです。

　本問では、上記のような施設管理規程等の定めがなかったか、定め自体は

あったものの、適切な対応がとられていなかったものと思われ、地域ユニオンの執行部が無断で会社施設内に入り込んでしまったようです。

　そして、地域ユニオンは、会社に対し、団体交渉の申入れを行い、その場で団体交渉を実施するよう要求しています。しかし、常識で考えても、会社としては、アポイントなしで面会を求められ、その場で初めて見た団体交渉の申入書に記載された内容に関する交渉を行うことは不可能です。このような場合には、会社は、地域ユニオンに対し、「団体交渉の申入書は受け取りました。内容を確認のうえ、検討し、追って、こちらからご連絡します。本日はこれでお引き取りください」などといった回答を行い、速やかに施設外に出るように促せば足ります。なお、地域ユニオンの執行部が会社施設から出て行く際には、情報管理の観点からも、地域ユニオンに加入した社員のみに見送らせるのではなく、会社の他の社員が出口まで誘導して見送る対応をとるべきです。

　以上の対応をした場合、会社としては、後々地域ユニオンから団体交渉拒否の不当労働行為に該当する（労働組合法7条2号）旨の追及を受けるのではないかとの懸念があるかもしれませんが、会社側の都合を考慮せずに、地域ユニオン側だけの都合によって申し入れられた団体交渉を会社がすぐに受け入れなければならない義務はありません。会社としても、団体交渉に臨むに際して事実確認の調査および要求事項に関する回答準備が当然必要ですので、上記対応で問題ありません。

　本問のような要求を受けた際、慌てたり、よくわからず、その場で交渉に応じてしまうことが最もよくないことだと思いますので、冷静に対応してください。

（根本義尚）

Q24　二重交渉

　先月、Ａという地域ユニオンから社員の解雇撤回に関する団体交渉を申し入れられましたが、その後、Ａとは全く関係のないＢという地域ユニオンからも同じ社員について同じ要求事項で団体交渉の申入れがありました。Ｂの話では、その社員は初めＡに加入したが、その後、Ａを脱退してＢに加入したとのことです。しかし、当社には事情が全くわかりません。当社としては、Ｂからの団体交渉の申入れについて、このまま応じなければならないものなのでしょうか。

POINT

　相手方となる労働組合を特定したうえで団体交渉に応じることが肝要です。

　たとえば、Ｂからではなく、Ａから労働組合脱退通知書の送付を求めることなどが考えられます。

A 　この会社は、ＡとＢという２つの地域ユニオンから同じ社員について「解雇撤回」に関する団体交渉の申入れを受けたとのことです。両ユニオンからの要求事項は社員の労働条件や身分に関するものですので、形式的には、Ａ・Ｂ双方に対する団体交渉の応諾義務が生じているように見えます。もっとも、Ｂは、当該社員が既にＡを脱退していると言っていますので、会社としては、Ｂからの団体交渉の申入れだけを受け入れれば足りるようにも思えます。

　しかし、実は、当該社員がＡに対して正式な脱退書類を提出しておらず、Ｂとの交渉開始後、Ａから会社に対して、団体交渉の申入れに対する会社の回答がないといった抗議がくるといった事態が生じる可能性も否定し切れま

せん。また、当該社員が、A・Bそれぞれと会社との交渉を天秤にかけるな
どといったことが全くないと言い切ることもできないように思います。そう
なりますと、会社としては、二重交渉の負担のおそれがありますので、その
ようなリスクを排除してから、どちらかの地域ユニオンと交渉すべきです。

　このような場合、会社からBに対し、① Aから既に当該社員が脱退して
いる旨の指摘をBから受けたが、Aからその旨の連絡がないこと、②会社
としてはどちらの地域ユニオンと団体交渉を実施すればよいかわからず困惑
していること、③ AとBとの間で会社と団体交渉を実施する主体の調整を
してもらいたいこと、④そのうえで、団体交渉の主体とならない地域ユニオ
ンから会社に対して、当該社員が脱退したことを記載した書面の提出をして
もらいたいこと、⑤上記の③と④の対応があれば、会社としては速やかに団
体交渉に応じる用意があること、などを記載した書面を送付する方法があり
ます。そのうえで、Bからの連絡が長期間にわたってない場合には、Aにも
同じ趣旨の書面を送付し、様子を見てください。

　なお、以上のような対応をした場合、会社としては、団体交渉拒否の不当
労働行為（労働組合法7条2号）に該当するのではないかとの懸念があるか
もしれません。しかし、一般的に、「単位組合の団体交渉権と上部団体のそ
れとの調整がなされていないために二重交渉のおそれがあること」は、会社
が団体交渉を拒否できる正当な理由と考えられていますので（鴻池運輸事件
──東京地裁平成16年3月4日判決・労働判例874号89頁）、問題ないと思われま
す。

　また、企業別組合と地域ユニオンの二重加入の場合には、地域ユニオン同
士の二重加入の場合とは異なり、企業別組合への連絡は会社から速やかに行
うべきです（前掲の鴻池運輸事件判決および東芝労組小向支部事件──東京高裁
平成16年7月15日判決・判例時報1865号155頁）。

（根本義尚）

Ⅳ　義務的団交事項か否かの判断

Q25　個別的権利

　地域ユニオンが社員1人の労働問題について当社に団体交渉を申し入れてきましたが、「団体交渉」という名称が示すとおり、会社と労働組合の団体交渉の対象は、集団的な労働条件に関するものに限られるのではないでしょうか。

・・・・・・・・・・・・・・・・・・・・・・・・・・・・・

POINT

　わが国の民間企業の団体交渉では、労働者個人の個別的な労働問題も義務的団交事項とされています。

A

1　団体交渉の対象

　まず、会社（使用者）と労働組合の団体交渉の対象となる事項は、その会社が処理することができる事項であれば、その会社が任意に応ずるかぎりは、どのような事項でも団体交渉の対象となります。

　たとえば、取締役の選任といった株主総会で決定すべき事項でも、会社が任意に応ずるのであれば、団体交渉の対象とすることは可能です。

2　義務的団交事項

　これに対し、労働組合法によって会社が労働組合と団体交渉を行うことが義務付けられている事項は、憲法28条や労働組合法が労働者や労働組合に団体交渉権を保障している趣旨から、一定の範囲に限定されています。

　この一定の範囲について、裁判例は、組合員である「労働者の労働条件その他の待遇や当該団体的労使関係の運営に関する事項であって、使用者に処分可能なもの」と説明しています（エス・ウント・エー事件——東京地裁平成9年10月29日判決・労働判例725号15頁）。

3　個別的権利は義務的団交事項か

　ところで、団体交渉は集団的な労働条件について話し合う場であり、個々の労働者の個別の労働問題は、団体交渉とは別の手続によって解決されるべき事項と考えることも可能であり、このような対応をしている国もあるようです。

　これに対して、わが国の民間企業においては、以上のような特別な手続は、労使の間では、ほとんど存在していないか、機能していません。また、わが国の労働組合の多くは企業別組合であり、会社側も労働組合側が申し立ててきた労働者個人の個別の労働問題の多くを団体交渉の対象として受け入れてきました。

　以上のことから、わが国においては、裁判所も労働委員会も、民間企業の労働者の個別的な労働問題を義務的団交事項と判断してきました（日本鋼管鶴見造船所事件——東京高裁昭和57年10月7日判決・労働判例406号69頁）。

4　本問の場合

　したがって、本問の地域ユニオンが掲げる団体交渉事項が、社員1人に関するものであっても、それが組合員である「労働者の労働条件その他の待遇や当該団体的労使関係の運営に関する事項であって、使用者に処分可能なもの」であれば、義務的団交事項に該当することになります。

（廣上精一）

Q26　生産に関する事項

当社の工場に勤務する社員の1人が地域ユニオンに加入したとのことで、その地域ユニオンから団体交渉の申入書が送られてきました。

しかし、団体交渉の議題の1つに、その工場の生産計画が含まれていました。このような生産に関する事項も団体交渉の対象となるのでしょうか。

POINT

工場の生産に関する事項は、一般的には義務的団交事項にはなりません。ただし、そのことが労働条件や雇用に影響を与える場合には、影響を与える限度において、義務的団交事項となります。

A

1　義務的団交事項

Q25で説明いたしましたとおり、義務的団交事項は会社に関するすべての事項に及ぶわけではなく、一定の範囲に限定されています。そして、その範囲を裁判例は、組合員である「労働者の労働条件その他の待遇や当該団体的労使関係の運営に関する事項であって、使用者に処分可能なもの」と説明しています（エス・ウント・エー事件——東京地裁平成9年10月29日判決・労働判例725号15頁）。

2　工場の生産に関する事項

以上から、労働者の雇用や労働条件に影響がないかぎり、工場の生産に関する事項は義務的団交事項とはなりません。

たとえば、工場の設備を変更したり、工場の生産方法を変えたりすることは、労働者の雇用や労働条件に影響がないかぎり、義務的団交事項とはなり

ません。

　工場の移転も、労働者の雇用や労働条件に影響がないかぎり、義務的団交事項とはなりません。

3　義務的団交事項に該当する場合

　これに対し、生産に関する事項であっても、そのことが労働者の雇用や労働条件に影響を与えるのであれば、義務的団交事項となります。

　たとえば、工場の設備を新しくすることによって、雇用調整の必要が生じた場合、工場での生産方法の変更に伴って労働時間や労働日を変更する必要が生じた場合、あるいは、工場の移転に伴って通勤時間に影響が出る場合などは、義務的団交事項となります。

4　義務的団交事項の範囲

　ただし、以上の場合でも、義務的団交事項とされるのは、組合員の労働条件や雇用に影響を与える範囲に限られます。

　地域ユニオンが工場の生産計画そのものの当否を問題にする場合は別ですが、通常は、地域ユニオンは生産計画によって影響を受ける労働条件や雇用の改善を求めてきますので、その範囲で、その限度で、義務的団交事項になる、ということです。

（廣上精一）

Q27　昇進基準

　当社の社員が、個人で地域ユニオンに加入し、その地域ユニオンとの団体交渉において、昇進基準を明らかにするよう求めてきました。交渉の結果、これまでは運用で行っていた昇進基準を文書で明確にすることになりましたが、その社員はその地域ユニオンと合意の書面を交わすよう求めています。当社のすべての社員に適用される昇進基準について、特定の社員が個人で加入した地域ユニオンと書面で合意を交わすことに問題はないのでしょうか。

POINT

　昇進基準も義務的団交事項となります。しかし、昇進基準について書面で合意すると、組織運営が害されたり、不公平が生じたりする問題があります。

A

1　昇進基準の性質

　会社が誰をどのように昇進させるかは、会社の裁量的判断すなわち人事権に属します。よって会社が独自に昇進基準を作った場合、それはもともと会社の裁量に属する昇進について、一定の運用の枠組みを自主的に定めたに過ぎないものと解されます。

2　昇進基準が団体交渉事項となるか

　そもそも、昇進基準は地域ユニオンとの団体交渉にふさわしい事項なのでしょうか。昇進は会社の人事権に属する事柄ですから、地域ユニオンとの団体交渉にふさわしくないとも思われます。

　いかなる事項について団体交渉に応じなければならないかという問題につ

いては、Q25・Q26 を参照してください。

　裁判例の基準を踏まえて考えると、昇進基準は、確かに会社の人事権に属する問題ですが、労働者の労働条件にも関連しますし（昇進すれば通常賃金が上昇します）、待遇にも関連します。この意味では、義務的団交事項になることがあるものと解されます。

3　労働組合と合意することの可否と効力

　昇進基準が団体交渉の対象となる場合は、これについて地域ユニオンと書面で合意することも可能です。

　ただし、書面で合意した場合は、その合意は労働協約となり、規範的効力、すなわち労働契約を直接規律する効力が生ずる可能性があります。

　しかし、その効力はその組合に属する組合員（当面は問題となっている1人の社員）のみに及び、他の社員には及びません。

4　昇進基準を地域ユニオンと合意することの問題点

　このような合意をした場合、会社は重大な問題が生じることを覚悟しなければなりません。すなわち、昇進は社員をどのように組織して有効に活用すべきかの観点から行わねばなりませんが、個別の社員と昇進基準について合意をしてしまうと、その合意に事実上拘束されてしまうことも考えられます。たとえば、その社員を昇進させずに他の社員を昇進させたい場合にそれができないとか、その逆にその社員を昇進させたいがそれができないということが起こります。その結果、組織運営の機動性・円滑性を欠いてしまいます。

　加えて、人事は公平に行うことも重要であり、個別合意によってある社員だけ特別扱いしてしまうことが望ましくないことも当然です。

　本問の事案では、昇進基準について書面による合意をして欲しいという地域ユニオンの要求に対しては、人事権が会社の裁量に属することや、人事の公平性などを理由に、これを断る対応が望ましいように思われます。（大山圭介）

Q28　パート労働者の賃上げ

　退職勧奨の対象となった正社員が地域ユニオンに加入し、その地域ユニオンから団体交渉の申入れがありました。その要求事項の中に、退職強要をやめるよう求めるとともに、パート労働者の賃金を一律100円上げることという項目も掲げられていますが、当社はどのように対応すればよいでしょうか。

POINT

　パート労働者の賃上げについても義務的団交事項と解される可能性があります。

A

1　義務的団交事項

　団体交渉においては、会社が応じるかぎりは、当然ながらいかなる事項でも団体交渉の対象となります。しかし、会社はいかなる事項でも団体交渉に応じなければならないわけではありません。会社は、「組合員たる労働者の労働条件その他の待遇や当該団体的労使関係の運営に関する事項であって、使用者に処分可能なもの」についてのみ、団体交渉に応じる義務を負う、とされています。

　裁判所も、国・中労委（根岸病院・初任給引下げ団交拒否）事件（東京高裁平成19年７月31日判決・労働判例946号58頁）において、「義務的団交事項とは、団体交渉を申し入れた労働者の団体の構成員たる労働者の労働条件その他の待遇、当該団体と使用者との間の団体的労使関係の運営に関する事項であって、使用者に処分可能なもの」と述べています。

2　退職強要をやめる旨の要求

　設問の事案では、まず退職強要をやめることが要求されています。この問題は組合員たる労働者に関する問題であり、まさに義務的団交事項に当たりますので、会社は団体交渉に応じなければなりません。

3　パート労働者の賃金を一律100円上げる旨の要求

　これに対し、パート労働者の賃金を一律100円上げる旨の要求はどうでしょうか。設問の組合員は正社員ですから、パート労働者の賃金は組合員である正社員の労働条件とは関係ないようにも思われます。このような理由で、団体交渉の議題にすることを拒否することができるでしょうか。

　この点、水町勇一郎『詳解労働法〔第2版〕』1110頁は、「問題となっている事項が直接的には非組合員や他組合員の利益にかかわるものであったとしても、そこに①（組合員か非組合員かを問わず）労働者全体に適用される一般的な基準・制度にかかわる問題が含まれている場合、または、②団体交渉を申し込まれた労働組合やその構成員である組合員の利益と密接に関連する点が含まれている場合には、その限りで、労働組合の団体交渉権の射程に含まれるものと解されうる」とし、非組合員の労働条件であっても団体交渉事項に含まれうる場合があるとしています。

　前掲の国・中労委（根岸病院・初任給引下げ団交拒否）事件は、非組合員の初任給引下げが義務的団交事項に当たるかが争われましたが、「非組合員である労働者の労働条件に関する問題は、当然には上記団交事項にあたるものではないが、それが将来にわたり組合員の労働条件、権利等に影響を及ぼす可能性が大きく、組合員の労働条件との関わりが強い事項については、これを団交事項に該当しないとするのでは、組合の団体交渉力を否定する結果となるから、これも上記団交事項にあたると解すべきである」とし、義務的団交事項に当たるとしました。

　本問のパート労働者の賃金引上げについても、直接には組合員である正社員の労働条件に関連しないのですが、パート労働者の労働条件も正社員の労

働条件に影響を及ぼす可能性があるとして、団交事項と解されることが多いようです。

　実務上は、会社としては、この議題についても一旦は団体交渉に応じ、団体交渉において引き上げはできない旨を説明するという対応が無難かと思われます。

（大山圭介）

Q29　他の社員の配転要求

　地域ユニオンが団体交渉を求めてきました。団体交渉事項として、当社の社員の長時間労働や残業代の不払いの問題を掲げていましたが、その他に、①担当役員および部長の配置転換の要求、②当社の役員報酬が高額すぎるので減額することまでも交渉事項として要求してきました。

　地域ユニオンから要求された事項はすべて団体交渉に応じなければならないのでしょうか。

POINT

　組合員たる労働者の労働条件に直接関連しない事項であっても、これに影響を及ぼす可能性が大きく、かかわりが強い事項については義務的団交事項となることがあります。

　①上司の配置転換などの人事問題については、場合によっては団体交渉事項となります。

　他方で、②役員報酬は通常は団体交渉事項とはなりません。

1　義務的団交事項

　　　　　地域ユニオンは、団体交渉において複数の問題の解決を求めてくることがあります。その中には、本来団体交渉にふさわしくない事項が含まれていることも少なくありません。

　団体交渉においては、会社が応じるかぎりはいかなる事項でも団体交渉の対象とすることが可能です。

　しかし、会社はいかなる事項でも団体交渉に応じなければならないわけではありません。この義務的団交事項の範囲については、Q25・Q26の解説を

参照してください。

2　担当役員および部長の配置転換について

　担当役員および部長の配置転換などの人事問題は、組合員たる労働者の労働条件その他の待遇とは直接に関係ある問題とはいえません。また、そもそも人事権は会社の裁量に属する事項のようにも思われます。

　しかし、人事の問題とはいえ、もし設問の事案における長時間労働が、その上司の不適切な業務命令や指揮監督に起因するのであれば、その上司の配置転換問題は、組合員たる労働者の労働条件に影響を及ぼす事項といえます。したがって、会社としては、上司の配置転換を団体交渉事項とする理由を地域ユニオンに問いただすべきでしょう。

3　役員報酬の減額について

　これも、組合員たる労働者の労働条件とは関係しません。そして、株式会社においては取締役の報酬は株主総会の決議によって定めるものであり（会社法361条1項）、労使間で定めるものではありません。このような役員報酬の金額が、組合員たる労働者の労働条件に関連することは通常はあり得ません。

　よって、この問題は通常は義務的団交事項とはならないでしょう。会社としては、「この問題は組合員たる労働者の労働条件に関係ない事項ですので、団体交渉の対象とは考えません」と言って、この問題に関する交渉には応じないという対応をとるべきでしょう。

　ただし、地域ユニオンから、役員の報酬が組合員の賃金に関係する理由について説明があった場合は、その説明の当否について検討する必要があると思います。

（大山圭介）

V　紛争別の団体交渉の準備

Q30　整理解雇

　赤字続きのため、当社は一部の事業所を閉鎖することととし、その事業所に勤務する社員に希望退職者を募りましたが、予定の人員数に達しなかったため、整理解雇を実施することにしました。

　すると、一部の社員が地域ユニオンに加入し、その地域ユニオンから整理解雇の撤回を求める内容の団体交渉の申入れがありました。

　団体交渉に臨むに当たって当社はどのような準備をすべきでしょうか。

POINT

　いわゆる「整理解雇の4要件」のそれぞれについて、会社の主張と裏付け資料を用意してください。

A

1　解雇について

　解雇は、会社が、就業規則の規定に基づき、「解雇通知」という一方的な意思表示によって、社員との雇用契約を解消することです。

　まず、会社は就業規則に解雇の事由を規定しておかなければなりません（労働基準法89条3号）。

　なお、かなり古い裁判例は、就業規則を作成していない会社の解雇を認めています（秀栄社事件——東京地裁昭和46年11月1日判決・労働判例138号48頁）。民法627条や628条の規定を根拠として、この古い裁判例を肯定する見解もあるようですが、筆者は、その後の判例による解雇権濫用法理や労働契約法16

条と17条の規定などによって、今の基準では、その理由付けはともかくとして、上記の古い裁判例の結果の妥当性については疑問があると思います。

　次に、解雇は会社が一方的に行うものですので、客観的に合理的な理由が必要であり、また、社会通念上相当なものでなければなりません（労働契約法16条）。

　次に、解雇を大きく分けると、普通解雇と懲戒解雇の2つに分けることができます。

　懲戒解雇の方がわかりやすいと思いますが、懲戒解雇は社員が著しい不正な行為を行った場合に行うものです。

　これに対し、普通解雇は、社員側の事情、あるいは、会社側の事情によって、会社が社員との雇用契約を解消するものです。

　社員側の事情の典型例は、病気やけがなどによって勤務が不可能になった場合です。ただし、業務上の病気やけがの場合は、療養のため休業する期間およびその後の30日間は解雇は認められません（労働基準法19条）。

　会社側の事情の典型例は、本問のような業績不振による事業所の閉鎖です。ただし、この場合の解雇、すなわち整理解雇は、会社側の事情で行われるものですので、判例上、次の4つの要件がすべて必要とされています。

2　整理解雇の第1の要件（解雇の必要性）

　まず、その整理解雇を行わなければならない客観的に合理的な必要性がなければなりません。

　本問に即して申し上げれば、会社は地域ユニオンに対して、事業所を閉鎖しなければならないほどの赤字が続いていること、すなわち、会社の業績が著しく不振であることを具体的に説明する必要があります。

　この場合の「具体的に」ということは、数字上の根拠を示すということです。

　また、過去の赤字を説明することは当然のことですが、将来の予測も示す

必要があります。ごく簡単に申し上げれば、近い将来に業績の回復が見込めるのであれば、整理解雇は認められないことになります。

　なお、稀に、整理解雇の発表を行った後に、それとは別に新規採用を行おうとする会社があります。どのような場合でも絶対に許されないわけではありませんが、その採用が極めて強い必要性に基づいたものでないと、地域ユニオンとの団体交渉で会社側の出席者が相当困った立場に立たされることになります。

3　整理解雇の第2の要件（解雇回避の努力義務）

　僭越ながら申し上げると、経営者にとって、整理解雇は最後の最後の手段、と考えた方がよいと思います。会社は、まず遊休資産の売却や役員の削減などを行い、それでも赤字の削減が必要な場合には、次に以下の人事上の措置をお考えください。

　人事上の措置としては、まず配置転換・出向・転籍などをご検討いただき、最後の1つ前の手段として、希望退職の募集をご検討ください。この希望退職の募集は、会社が解雇回避の努力義務を尽くしたか否かの重要な要素となっています。

　なお、集団的な人員削減策である希望退職の募集ではなく、個別の退職勧奨を行うことも考えられますが、退職勧奨は、人員の選定や勧奨の方法などで、違法な退職強要と紙一重です。業務の多寡などの点で合理的な人選になるよう心掛け、かつ、あくまで任意の勧奨にとどめるよう注意する必要があります。

　会社が以上の手段を尽くしても人員の削減が必要な場合は、上記のとおり、最後の最後の手段として整理解雇を行うか否か、経営者は慎重に検討する必要があると思います。

　なお、実務的には、業績不振による休業や配置転換について、雇用調整助成金の申請を検討しておくことも考えていただいた方がよいかもしれません。

4　整理解雇の第3の要件（人員選定の合理性）

　閉鎖する事業所がなぜその事業所なのか、解雇する社員がなぜその社員なのか、という点について、会社はその合理的な理由を地域ユニオンに説明する必要があります。

　以前は年齢を1つの根拠にしておりましたが、現在はわが国そのものが高年齢者の雇用を確保する必要があると考えておりますので（「高年齢者等の雇用の安定等に関する法律」をご参照ください）、安易に年齢を基準とすることは許されていないと考えられた方がよいと思います。

　また、販売台数や製作台数などのような客観的な就業成績を選別の根拠とする場合は別として、一般には、就業成績は主観的・相対的なものにならざるを得ないと思います。そして、この主観的・相対的な就業成績での「成績下位者」であるということだけを示して解雇者を選ぶと、トラブルになる危険性があります。このような場合は、まず就業成績というものの中身を具体的に説明する必要があります。

　また、就業成績は一定期間ごとに本人にフィードバックしておく必要があります。最近は、大きな企業においては、1年ごとに成績内容を本人に開示したうえで、上司が本人と話し合って来期の目標を決める、ということを行っているようです。中小企業においても、一定期間内に（たとえば各ボーナス期に）本人に就業成績を開示することは必要ではないかと思われます。

　なお、閉鎖予定の事業所に勤務する正社員を整理解雇の対象者とする場合は、その正社員がたまたまその事業所に異動になったのではないか、他の事業所に異動することによって解雇を回避することができるのではないか、という点も考えておく必要があります。

5　整理解雇の第4の要件（手続の妥当性）

　会社は、整理解雇について、事前に社員や労働組合に説明し、協議を行う

必要があります。

　整理解雇は社員に重大な不利益をもたらす極めて重い処分ですので、社員や労働組合に完全に納得してもらうことは難しいと思いますが、納得を得られるような努力を会社がしたか否かが問題になります。そして、説明や協議の回数が問題になる場合もあります。

6　地域ユニオンとの団体交渉での注意点

　自社の社員が加入したとはいえ、地域ユニオンは外部の労働組合ですので、会社の過去の経緯や内情には詳しくないと思います。

　したがって、地域ユニオンとの団体交渉においては、会社は、自社の社員に対する説明よりも、さらに詳しく説明する必要があると思います。

　また、解雇問題の団体交渉は、回数が多く、長引く傾向にあります。会社にとっても安易な妥協が難しい問題ですので、いきおい地域ユニオンの活動も過激なものになりかねません。そのため、予め専門家に相談しておくこともお考えになられた方がよいかもしれません。

（廣上精一）

Q31　懲戒解雇

　当社は、不正行為を行った社員に対し、諭旨退職の処分を通知しましたが、その社員が期間内に退職届を提出しなかったため、その社員に対し、懲戒解雇処分の通告とともに退職金全額を支給しない旨の通知をしました。

　すると、その社員は地域ユニオンに加入し、地域ユニオンから懲戒解雇の撤回を求める団体交渉が申し入れられました。

　当社はどのような準備をすべきでしょうか。

・・・・・・・・・・・・・・・・・・・・・・・・・・・・・・・・・・・・・

> **POINT**
>
> 　懲戒解雇は「極刑」の懲戒処分です。したがって、懲戒処分の有効要件である、①懲戒処分の根拠規定の存在、②懲戒事由への該当性、③懲戒処分の相当性、というすべての要件について、厳格な検討が必要となります。

1　懲戒処分の有効要件

　懲戒処分は、服務規律や社内秩序を維持するため、会社が社員に課す不利益処分です。

　社員に不利益をもたらす処分であるため、①その処分の根拠規定が存在していること、②社員の行為が懲戒事由に該当すること、③会社の選択した懲戒処分が社会通念上相当なものであること、以上3つの要件を満たしていなければならない、と考えられています。

　そして、社員にとって、懲戒解雇は懲戒処分のうち最も厳しい処分ですので、懲戒解雇の有効性が問題となった場合は、会社は上記の3つの要件について厳格な再検討を行う必要があります。

2　懲戒解雇の根拠規定の存在

　まず、会社が社員を懲戒解雇にすることができる根拠規定がなければなりません。

　これは刑事法上の罪刑法定主義の原則に類似するもので、懲戒解雇の理由となる事由と、その事由に該当した場合は懲戒解雇とする旨が就業規則上明記されていなければなりません。

　なお、就業規則上の懲戒解雇事由が広範囲なものであったり、不明確なものであると、後に裁判になった場合は、裁判所が合理的な範囲に限定したり、合理的な内容に限定して、その規定の適用の有無を判断します。したがって、特に懲戒解雇事由については、規定の内容の明確性が求められています。

3　懲戒解雇事由に該当すること

　次に、問題となる社員の行為が就業規則上の懲戒解雇事由に該当し、会社の懲戒解雇処分に客観的に合理的な理由がある、と認められなければなりません。

　しかも、問題となる社員の行為が懲戒解雇事由に該当する、ということは会社が立証しなければなりません。社員本人が事実関係を認めている場合は別として、事実関係に争いがある場合は、会社の証拠の収集が重要です。しかし、会社は捜査機関ではありませんので、任意の収集しかできません。この点で会社の立証能力には限界があります。

4　懲戒解雇処分の相当性

　問題となる社員の行為の性質や態様、会社が被った損害などを考慮して、その懲戒解雇処分が社会通念上相当なものであると認められないと、懲戒解雇処分は無効と判断されます。

　懲戒解雇処分の相当性が問題となった裁判において、裁判所から、上記の

懲戒解雇事由に該当することは認められるが、問題となる行為の性質や態様、社員の勤務歴などからして、解雇処分は重きに失するので無効、と判断されることがあります。つまり、懲戒権の濫用ということです。

この懲戒処分の相当性の検討においては、同じような行為には同じような処分、ということも考えておく必要があります。したがって、先例の検討も必要です。

5　懲戒解雇の手続

なお、懲戒処分の手続に違反すると、懲戒処分が無効となる場合もあります。就業規則や労働協約に懲戒処分の手続に関する規定がある場合は、それに従う必要があります。

また、そのような規定がない場合でも、特に懲戒解雇の場合は、社員本人に弁明の機会を与える必要があります。このような機会を与えずに懲戒解雇処分を行った場合は、手続的な正義に反するものとして無効と判断されることがあります。

さらに、解雇一般に必要とされる手続についても注意すべきです。たとえば、懲戒解雇の場合であっても、労働基準法20条の解雇予告や解雇予告手当の支給は必要になります（なお、同法20条3項が準用する同法19条2項の除外認定をもらうことはかなり大変です）。

6　退職金の不支給

懲戒解雇の場合、就業規則や給与規定に退職金不支給（全部または一部）の規定を設けておけば、会社は退職の全部または一部を不支給とすることができると考えられています。

しかし、退職金の全額を不支給とする場合は、社員のそれまでの貢献をすべて消してしまうほどの行為があった場合に限られるとも考えられています（日本コンベンションサービス事件——大阪高裁平成10年5月29日判決・労働判例

745号42頁。なお、懲戒解雇を相当としつつ、退職金については3割の支払いを命じた裁判例もあります。小田急電鉄事件——東京高裁平成15年12月11日判決・労働判例867号5頁）。

退職金の不支給については、懲戒事由に該当する行為の検討だけでなく、会社が被った損害（対外的な信用の喪失などの無形的な損害も含まれます）の検討も必要です。

（廣上精一）

Q32　普通解雇

　社員の1人がうつ病の診断書を提出し、「長期間の自宅療養が必要なので、休職にして欲しい」と言ってきました。しかし、その社員は、これまでにも2回うつ病で休職しています。そして、前回の復職の際には、今度長期間の欠勤となった場合は退職する旨の誓約書がその社員から当社に差し入れられています。

　このため当社は、「何回も長期間欠勤されると人員配置の都合がつかないので、新しい人を雇い入れることにした。ついては誓約書のとおり退職して欲しい」とその社員にお願いしました。しかし、その社員は退職を拒み、「休職にして欲しい」と言い続けました。

　このため、当社の人事担当者が社員本人と一緒に主治医を訪れ、復職の見込みや復職の時期を尋ねましたが、主治医は「判断が難しい」と言うばかりで、復職の見込みや復職の時期については何も答えなかったそうです。

　このため、当社は産業医と相談のうえ、その社員が早期に復職する可能性はないと判断し、その社員を解雇し、新しい社員を雇い入れました。

　すると、解雇した元社員は地域ユニオンに加入し、地域ユニオンから解雇の撤回を求める団体交渉が申し入れられました。

　当社はどのような準備をすべきでしょうか。

・・・・・・・・・・・・・・・・・・・・・・・・・・・・

POINT

　団体交渉の事項ごとに会社の事前準備の内容が異なります。

　本問の場合は、普通解雇が問題となっていますので、地域ユニオンからの申入れ内容をきちんと把握して、的確な準備を行う必要があります。

1 解雇の徹回を求める理由

本問の地域ユニオンの要求は解雇の撤回ですが、本問のような普通解雇の場合は、撤回を求める理由の内容が問題です。

2 客観的に合理的な理由がない

まず、地域ユニオンの主張が、解雇そのものが法的に許されないということであるとしても、本件の解雇には客観的に合理的な理由がないという主張なのか、それとも、理由は一応あるが、社会通念上相当なものとはいえないという主張なのか（労働契約法16条参照）、地域ユニオンの主張がどちらなのかによって、会社の準備も異なってきます。

本問の場合、労働者の労務提供が困難という場合であり、そのことが客観的にも明らかですので（つまり、働きたい、あるいは、働けると言っている社員を会社が働かせない、というわけではありません）、通常は、本問の解雇には客観的に合理的な理由があると思います。

したがって、地域ユニオンの方が積極的に、本問の解雇には客観的に合理的な理由がない、ということを具体的に説明し、かつ、それを裏付けるものを提出する必要があると思います。

このため、本問の場合、地域ユニオンの主張が本件の解雇には客観的に合理的な理由がないということであれば、会社は地域ユニオンの具体的な主張を待って反論の準備をする他ないと思います。

3 社会通念上相当なものではない

次に、地域ユニオンの主張が、本件の解雇は社会通念上相当なものとはいえないという場合は、会社は十分な準備を行う必要があります。

この相当性の要件ですが、終身雇用制を前提とするわが国の正社員の場合は、一般的に、解雇の事由が重大な程度に達しており、他に解雇を回避する

手段がなく、かつ、労働者の方に同情すべき事情がほとんどない場合、と解釈されています（高知放送事件——最高裁昭和52年1月31日判決・労働判例268号17頁）。

本問のような事案では、この相当性の要件が問題になることが多いようです。

たとえば、本問の場合、うつ病による欠勤はまだ解雇という最も重い処分を課すまでには至っていないという主張、もう1回だけ休職を認めるべきであるという主張、軽い作業への配置転換をすべきであるという主張など、いろいろ考えられます。

さらに、うつ病になった原因が、連日の長時間労働、または、より多忙な部署への配転、あるいは、他の社員からのいじめ、さらには、責任の重い地位への昇進である、という主張も考えられます。

地域ユニオンの主張が以上のようなものである場合、会社は十分な準備をする必要があります。すなわち、過去2回の休職と復職の経緯、そのときの診断書や産業医の意見、あるいは、うつ病の原因と考えられるものの想定（個人的な事情のほか、上記の長時間労働・配転・社内いじめ・昇進など、いろいろ考えられます）とその社内調査、今回の診断書に対する産業医の意見などの他、解雇を決めるに当たって、他の人事上の措置を検討したかなど、最初の休職から今回の解雇に至るまでのすべての経緯について再検討しておく必要があります。

4　解雇の手続

最後に、解雇の手続が問題となる場合もあります。

会社は就業規則の解雇の規定に基づいて解雇の通知をしたものと思われます。本問のような場合の解雇の規定は、一般には、「心身の故障によって業務に耐えられないとき」といった趣旨の規定となっています。

解雇の通知書に、この就業規則の条項がきちんと明記されているでしょ

か。通知書の写しや控えをご確認ください。

　なお、解雇は会社にとっても本人にとっても極めて重大なことですので、必ず書面で通知してください。郵送の場合は、できるだけ配達証明付きの内容証明郵便にしてください。直接手渡す場合は、その通知書のコピーを用意しておいて、受領の証しとして、そのコピーの方に日付とサインを書いてもらってください。

　また、解雇予告期間や解雇予告手当の支給（労働基準法20条）にもご注意ください。

（廣上精一）

Q33　雇止め

　当社は、入社して２年の契約社員を雇止めにしました。入社当初から勤務成績も勤務態度もよくなく、１回目の更新のときにそのことを注意しましたが、この１年間で全く改善されませんでした。そこで、契約期間が満了する約２カ月前に、当社は次の契約更新はできないことを伝えましたが、そのとき、その者は次の契約も当然更新されるものと考えていたとの不満を漏らしていました。もちろん、当社は更新できない理由をその者に説明しております。

　しかし、その者は、当社の雇止めは納得できないとして、地域ユニオンに加入し、その地域ユニオンから雇止めの撤回を求める団体交渉の申入れがありました。

　当社はどのような準備をすべきでしょうか。

POINT

　２回目の更新であっても、会社が次も更新をしてくれるであろう、とその者が期待することについて合理的な理由がある場合には、会社の更新拒絶の方に客観的に合理的な理由が必要であり、かつ、会社が更新拒絶したことが社会通念上相当であると認められる必要があります。

A

1　労働契約法19条について

　有期労働契約の更新に関する労働契約法19条は、判例の集積である「雇止め法理」を法律にしたものです。

　まず、言葉の説明ですが、「有期労働契約」は、期間の定めがある労働契

約すべてのことです。契約社員・パート社員・嘱託社員・アルバイト・臨時工・日雇いなどの労働者の労働契約です。最近は「非正規労働者」と呼ばれていることもあります。

これに対し、期間の定めのない労働契約を会社と締結した労働者は、一般に「正社員」と呼ばれています。

次に、「雇止め」という言葉ですが、これは「労働契約に定められた期間が満了する」という理由で、会社がその労働契約を終了させようとすることです。ただし、実際には、会社が労働者に対し、「雇止めにします」と言うのではなく、「次の契約は締結しません」とか、「更新しません」などと言っています。

なお、この雇止めは、労働契約を過去に3回以上更新した者、1年以下の契約期間の有期労働契約が更新または反復更新され、最初に有期労働契約を締結してから継続して通算1年を超える場合、または、1年を超える契約期間の労働契約を締結している場合は（更新しない旨を明示された者は除く）、会社は契約期間満了日の30日前までに予告しなければならない、とされています（労働基準法14条2項に基づく厚生労働省の告示です）。

ところで、労働契約法19条は、①有期労働契約が過去に反復して更新されているため、社会通念上、雇止めが正社員に対する解雇と同視できると認められる場合（同条1号）、または、②有期労働契約が更新されるものと労働者が期待することについて合理的な理由がある場合（同条2号）には、雇止めには客観的に合理的な理由と社会通念上の相当性が必要であると規定しています（法律の規定の仕方からすると、上記の説明はやや雑ですが、わかりにくい規定なので、わかりやすさを優先してみました）。

上記の①は、たとえば、何回も当然のように更新されて、実質的に期間の定めのない契約と異ならない状態になっている場合のことです（東芝柳町工場事件——最高裁昭和49年7月22日判決・労働判例206号27頁）。

これに対して、上記の②は、有期契約が期間の定めのない労働契約と実質

的に異ならない状態にはなっていない場合でも、雇用継続に対する労働者の期待に合理性がある場合と説明されています。しかし、具体的にどのような場合に合理性があるといえるのかという点については争いがあり、裁判所の判断の集積を待つ他ないようです。

　なお、労働契約法19条は、以上の他に、「契約期間が満了する日までの間に労働者が当該有期労働契約の更新の申込みをした場合」または「当該契約期間の満了後遅滞なく有期労働契約の締結の申込みをした場合」という要件を設けています。本問では、「次の雇用契約も当然更新されるものと考えていたと不満を漏らしていた」とのことですが、この法律の施行通達では、会社からの雇止めの予告に対して、労働者から「嫌だ」とか「困る」などの反対の意思表示が使用者に伝わればよいと解釈されています。

2　本問の場合

　本問は、1年契約の2回目の更新なので、上記の①の場合には該当しないものと思われます。したがって、会社は、まず、上記の②の場合に該当するか否か、すなわち、その契約社員が雇用の継続や契約更新を期待することについて合理性があったか否かを検討すべきです。

　過去の判例からすれば、上記の②に該当しそうなケースは、その者が担当していた業務が継続性を有するものであり、かつ、同じ業務を担当している他の契約社員は当然のように契約が更新されている場合、あるいは、会社の代表者や管理職がその者に対して雇用の継続や契約更新を確約している場合などです。

　次に会社がなすべき準備は、当然ながら、本問において会社が更新をしなかったことに合理的な理由があったのか、という点の確認です。これは、本問のケースが労働契約法19条に該当するか否かとは別に、会社が地域ユニオンに説明しなければならない当然の事柄です。勤務成績や勤務態度がよくなかったという点について、会社に書類が残っていない場合は、上司や周囲の

者に対する聞き取り調査を行い、できれば、各人に報告書のようなものを作成してもらった方がよいと思います。また、1回目の更新のときの注意についても、書類が残っていないのであれば、注意を与えた者に報告書を作成してもらった方がよいと思います（なお、その当時の記録や書類が残っていることがベストであることはいうまでもありません。人事や労務の書類を日常的に作成することは非常に面倒なことかもしれませんが、何かのときには非常に役に立ちます）。

　次に、可能な限り過去にさかのぼって、会社が雇い入れた契約社員のすべてを対象として、これまでに会社が雇止めを行ったことがあったのか否か、あった場合にはその理由も確認しておく必要があります。過去に1度も雇止めをしたことがない会社の場合は、今回の雇止めが極めて特別なものと受け止められる可能性があります（だからといって、日頃から雇止めをしておけというわけではありません）。

3　労働契約法18条について

　なお、最後に労働契約法18条について付言します。既にご存じのことと思われますが、平成25年4月1日から労働契約法18条が施行されております。

　ごく簡単に申し上げれば、平成25年4月1日以降に有期労働契約が締結または更新された場合、それからその通算期間が5年を超えると、労働者は使用者に対し、期間の定めのない労働契約の申込みをすることができます。そして、その申込みをされた使用者は承諾したものとみなされます。これが労働契約の「無期化」です。

　ただし、この「無期化」の効果は、期間の定めのある労働契約が期間の定めのない労働契約になることであり、「正社員」になることではありません。期間の定めのない労働契約になることで、使用者からの雇止めは許されないことになりますが、労働条件については、別の定めがない限り、期間の定めのあるときと同一です。

（廣上精一）

Q34　未払い残業代の請求

　当社の社員１名が地域ユニオンに加入し、その社員の未払い残業代について、地域ユニオンから団体交渉の申入れがありました。

　社内には、地域ユニオンとの団体交渉は大変なので、要求されたものをすぐ支払った方がよいという意見や、その社員に残業を命じたわけではなく、その社員だけを特別扱いするわけにはいかないので、地域ユニオンとはとことん闘うべきだという意見があります。

　当社はどのような対応をすべきでしょうか。

● ●

POINT

　まず、その社員の時間外労働の実態と時間外労働に対する割増賃金の支給状況を確認してください。

　次に、地域ユニオンからの要求内容次第ですが、未払い残業代については、できるだけ労使の話し合いによって解決した方がよいと思います。

A

1　時間外労働に対する割増賃金

　労働基準法37条１項は、社員が１日８時間または１週40時間を超えて勤務した場合は、会社は社員に対し、その時間の賃金のほか、一定の割増賃金を支払わなければならない、と規定しています（なお、同法37条１項は、以上の他にも会社が割増賃金を支払わなければならない場合を規定しています）。

　そして、この労働基準法37条１項の規定に違反して割増賃金を支払わないと、会社も上司も刑事罰を科されることがあり（同法119条１号、121条）、ま

た、割増賃金の支払いを求める裁判において、会社は裁判所から「付加金」の支払いを命じられることもあります（同法114条）（148頁「用語解説③」参照）。なお、時間外労働に対応する賃金そのものを支払わない点は、同法24条に違反するものとして同法120条1号の刑事罰を科されることがあります。

　また、わが国ではかなり前から「サービス残業」が問題になっていますが、「サービス残業」として賃金や割増賃金が未払いであれば、会社は労働基準法24条および37条1項に違反していることになります。

2　労働時間の管理

　社員からの未払い残業代の請求に対して、少し前までは、その社員が本当に残業をしていたのか否かわからない、という弁解をする会社がありました。

　しかし、社員の労働時間の管理は会社の義務です。労働基準法は、労働時間・休日・深夜業などについて厳格な規定を設けています。会社は社員に賃金を支払わなければなりませんが、社員の労働時間がわからなければ、残業・休日・深夜業などの割増賃金の計算ができないはずです（使用者の労働時間の適正管理の責務については、労働基準局長通達平成13年4月6日・基発339号をご参照ください）。

　なお、裁判例では、タイムカードによる労働時間の記録がある場合は、会社の適切な反証がない限り、その記録に従って時間外労働の時間を算定しています（丸栄西野事件——大阪地裁平成20年1月11日判決・労働判例957号5頁）。

3　残業禁止命令

　それでは、会社や上司が残業を禁止していたのに、社員が勝手に時間外に勤務していた場合はどうなるでしょう。

　まず、上司から特に命じられないまま社員が時間外に勤務しているのに、上司が特に注意をしていないような場合は、そもそも残業を禁止していたこと自体が疑わしくなります。

　しかし、会社や上司が日頃から残業の禁止を命じており、かつ、残業をしないよう頻繁に注意をしてたのに、たとえば、上司が出張でいない日に残業をした、というようなことは十分考えられます。

　判例は、「労働基準法（昭和62年に改正される前のもの）32条の労働時間……とは、労働者が使用者の指揮命令下に置かれている時間」をいうとの判断を示しています（三菱重工業事件――最高裁平成12年3月9日判決・最高裁判所民事判例集54巻3号801頁）。

　このような判断からすれば、上記の場合は、会社や上司から残業を命じられていたわけではなく、また、会社や上司の指揮命令下におかれていたわけではないので、そもそも、労働基準法上の労働時間には当たらないと解釈することができるものと思われます。

4　本問の場合

　以上のような考え方に基づき、まず、その社員の時間外労働の実態と、その時間外労働に対する割増賃金の支給状況を確認してください。

　たとえば、労働時間がタイムカードに記録されているのであれば、そこに記された残業時間が上司の命令によるものか否か、すべてチェックする必要があります。そして、会社の記録においても未払いの残業代があるのか否かを確認してください。

　次に、団体交渉の前に地域ユニオンの要求の具体的な内容を確認した方がよいと思います。労働組合加入通知書や団体交渉申入書に未払い残業代の請求に関する具体的な要求が記載されていることはまずないと思いますが、地域ユニオンに加入するぐらいですから、その社員は以前から会社の対応にかなり不満をもっていたのではないかと思われます。そこで、その社員と同じ部署の社員やその社員と親しい社員から、その社員がどのような不満をもっていたのかを聞き出しておくだけでも、地域ユニオンの具体的な要求を推測することが可能になるのではないかと思われます。

　なお、本人への直接コンタクトは決してしないでください。支配介入という不当労働行為（労働組合法7条3号）になる可能性があります。

　以上の作業によって、会社が確認した内容と、予想される地域ユニオンの要求内容に開きが少ないようであれば、事前の交渉や1回〜2回の団体交渉において、労使双方の譲歩による解決が可能になるものと思われます。

　これに対して、会社が確認した内容と地域ユニオンからの要求内容に大きな開きがある場合は、団体交渉を重ねても、なかなか合意に達しないかもしれません。しかし、上記のとおり、労働時間の管理も割増賃金の支払いも会社の重要な責務ですので、これらに関する問題が労使の話し合いによって解決することができるのであれば、会社としては次善の解決策と受け止めた方がよいと思います。

　交渉が長引くと、地域ユニオンの働きかけなどで、労働基準監督署の調査が入ったり、賃金請求の裁判が提起される可能性があります。未払い残業代の事案においては、確固たる証拠がない限り、会社は話し合いによる解決をめざすべきです。

5　最後に

　なお、話し合いによって解決することが可能になると、多くの場合、地域ユニオンから協定書の締結の申入れがあります。

　この場合の協定書は、既に社員に発生している賃金請求権という権利を処分することになるものです。また、賃金の場合は直接全額払いの原則があります（労働基準法24条1項）。このため、その社員も協定書へ署名・押印するよう、地域ユニオンに要求してください。

　また、その協定書には、いわゆる清算条項（たとえば、「会社と本人は、本件について会社と本人との間にはこの協定書に定める他、何らの債権債務がないことを相互に確認する」といった趣旨の条項です）を入れておいてください（39頁【書式】参照）。

（廣上精一）

用語解説③　付加金

　使用者（会社）が、労働者（社員）に対し、時間外労働、深夜労働、または、休日労働に対する割増賃金（労働基準法37条）を支払わなかった場合は、裁判所は、労働者の請求により、使用者が支払わなければならない金額について、その未払いの金額とは別に、同額の付加金の支払いを使用者に命ずることができます（同法114条）。

　解雇予告手当（労働基準法20条）、休業手当（同法26条）、または、年次有給休暇中の賃金（同法39条7項）の未払いの場合も同様です。

　この付加金は、裁判において労働者が請求しなければならず、かつ、裁判所の命令があって初めて発生するものです。

　なお、労働基準法114条では「同一額」とされていますが、付加金の額は裁判所の裁量によって減額することができると解されています（弥栄自動車事件——京都地裁平成4年2月4日判決・労働判例606号24頁）。

（廣上精一）

Q35 配置転換

当社は、業務の都合で本社の正社員の1人を地方の支社に異動させようと考え、その旨の内示を出したところ、その社員が地域ユニオンに加入し、地域ユニオンから異動命令の撤回を求める団体交渉が申し入れられました。

当社は地域ユニオンに対して、まだ内示の段階で異動命令は出していないこと、および、異動の内示に従えない事情が社員にあればその社員から話を聞くことにしているので、今回の団体交渉の申入れは撤回して欲しいという内容の文書を地域ユニオンに送りました。

しかし、地域ユニオンは、不当な異動命令の可能性があり、団体交渉を拒否すれば不当労働行為になる、また、会社が直接本人に働きかければ、支配介入の不当労働行為になると主張して、団体交渉の申入れを撤回しません。

当社はどのような対応をすべきでしょうか。

POINT

　配置転換（以下「配転」といいます）命令が問題となった場合は、一般的には、①会社の配転命令権についての雇用契約や就業規則上の根拠の確認、②雇用契約上、その社員の職種や勤務場所が限定されていないか、③その配転命令についての業務上の必要性、④その社員の不利益の有無・程度、ということを検討しておく必要があります。

　本件の場合は、正社員であり、業務上の必要性はあるようですので、主に④の社員の不利益がポイントになりそうです。

1 配転について

配転は、社員の職務内容や勤務場所がある程度の期間にわた

って変更されることです。勤務地の変更を伴う場合は、特に「転勤」と呼ばれています。さらに、転勤に伴い転居が必要な場合もあります。

　終身雇用制を前提とした正社員の場合は、通常、職種や職務内容、それに勤務地を限定しないで採用されています。このような正社員については、会社には人事権の１つとして正社員の職務内容や勤務地を決定する権限があると考えられており、就業規則にも「会社は、業務上必要がある場合は、社員の就業場所または従事する業務の変更を命ずることがある」といった趣旨の規定が設けられています（就業規則にこのような配転権の根拠規定があることを必ず確認しておいてください）。

2　東亜ペイント事件の最高裁判決

　しかし、転勤命令の有効性が問題となった東亜ペイント事件において、最高裁判所は、①業務上の必要性が存在しない場合はもちろんのこと、②業務上の必要性は存在するが、他の不当な動機・目的をもってなされたものであるとき、③労働者に対し通常甘受すべき程度を著しく超える不利益を負わせるものであるときには、その転勤命令は権利の濫用として無効になるとの判断を示しました（最高裁昭和61年７月14日判決・労働判例477号６頁）。

　上記のうち、②のようなことは極めて稀と思われますが、③は転居を伴う転勤の場合は十分考えられることです。たとえば、同居の家族に病気やけがの方がいて、その社員による介護が必要な場合は、その社員は転居を伴う転勤を拒むことができる可能性があります。

3　本問の場合

　本問の会社は、上記の③に配慮して、異動の内示に従えない事情が社員にあればその社員から話を聞くことにしているとのことですので、上記の①や②の問題がないのであれば、会社から地域ユニオンに対し、上記の③の問題があるのか否か、あるのであれば、その具体的事情がどのようなものなのか、

文書で問い合わせた方がよいと思います。

　なお、何度も申し上げますが、地域ユニオンから団体交渉の申入れがあった後は、社員本人に質問するようなことは決してしないでください。会社が社員に直接質問すると、支配介入という不当労働行為（労働組合法7条3号）になる可能性があります。

（廣上精一）

Ⅵ　地域ユニオンとの団体交渉での注意点

 Q36　団体交渉における注意点

　これから地域ユニオンと団体交渉をします。地域ユニオン側がよく用いる
交渉のテクニックのようなものがあれば教えてください。

● ●

> **POINT**
>
> 　たとえば、①高圧的に話す人と穏やかに話す人がいる、②あげ足を
> とる、③交渉の進行順序を決めて有利に進める、④会社側のみ解決案
> を提案させ、譲歩させる、⑤妥結間際に追加要求を出す、などの交渉
> テクニックが用いられます。

　地域ユニオンの交渉担当者は、交渉に習熟していることが多
く、豊富な経験といろいろな交渉技術をもっています。そのい
くつかを紹介します。

1　「良い刑事」と「悪い刑事」

　地域ユニオン側の交渉担当者が2人いる場合、大声を出して高圧的に話す
人と穏やかに話す人に役割分担していることがあります。そのような場合、
つい穏やかに話をする人を仲介役的に捉えてしまい、その人の話を安易に受
け入れてしまいやすくなります。

　この場合、対策は立てづらいのですが、誰が話の主導権を握っているかを
早期に見極め、その人との話に集中すると、他方の話があまり気にならなく

なります。

2 あげ足とり

会社側の発言者が、ついうっかりと差別的な発言をすると、傍聴者も含めた労働組合側から大声で糾弾されることになるでしょう。時に、大して問題がないにもかかわらず糾弾されることもあります。これは会社側の出席者を委縮させようとするものと思われます。

当たり前のことですが、会社側の出席者は、不用意な発言をしないことが大事です。コツといえるのか否かはわかりませんが、必要最小限の話だけをして、後は「沈黙は金」という態度をとり続けた方がよいと思います。また、同じ発言を繰り返すことを恐れないでください。

3 交渉の進行と検討順序

団体交渉の議題の順序など大した問題ではないと思われるかもしれません。しかし地域ユニオン側が団体交渉の進行のイニシアティヴを握ったうえで、「まずはこの問題が解決しないと次の問題を検討できない」、「こんな問題も解決できないようじゃ本題は到底解決できない」などと言いながら、次々に譲歩を迫っていき、結局すべての問題について譲歩させられてしまうことがあります。

地域ユニオン側の進行順序にとらわれず、常に交渉全体を俯瞰し、この問題は譲歩できるがこの問題は譲歩できない、という見極めを予め確認しておくことが大事です。

4 条件の後出し

解決案をすり合わせようとする場面において、最初に会社側だけが解決案を示すと、それがいかなる条件であったとしても、最初は「そんな条件じゃ到底解決できない」と言ってはねつけられる場合があります。

　会社側のみが解決案を示したことがそもそもの失敗の原因です。地域ユニオン側にも解決案の提示や譲歩を求め、相互にそれを譲歩し合うような流れで交渉することが大事です。

5　交渉妥結間際の追加要求

　交渉妥結間際になって、「実はこういう問題もある。この問題も解決しなければ交渉はまとめられない」などと言って、新しい問題を提起し、それを譲歩させられることがあります。交渉妥結が迫っていると、そのくらい仕方がないか、と受け入れてしまいやすくなりがちです。

　交渉妥結間際だからといって気を許さず、新たな問題が提案されたら、あらためて腰を据えて慎重に検討し直しましょう。

（大山圭介）

団体交渉における罵詈雑言

解雇をめぐる地域ユニオンとの団体交渉において、地域ユニオン側の出席者がいきなり当社の出席者に対し、「バカヤロー！」、「ふざけたことを言ってるんじゃねー！」などと罵詈雑言を浴びせかけてきました。当社の出席者が「乱暴な発言はやめてください」と抗議しても、罵詈雑言を繰り返し、当社の出席者の身体的特徴を大声で言ったりしました。

このようなことをやめさせる方法はないでしょうか。

POINT

警告しても罵詈雑言をやめない場合は、すぐに団体交渉を中止すべきです。

 団体交渉の当事者双方にいえることですが、交渉は紳士的に行う必要があります。労使紛争の場ですので、多少は熱くなることもあるでしょうが、それだからこそ、出席者は冷静に話し合うことを心掛けるべきです。当然のことながら、団体交渉は口げんかの場ではありません。

また、団体交渉は責任追及の場でもありません。団体交渉は、当事者が話し合い、当事者双方が譲り合って合意形成をめざす場であり、双方がそれぞれの主張や意見を戦わせることを目的としているわけではありません。

したがって、団体交渉においては、暴行・監禁・吊し上げ・脅迫などはもちろんのこと、本問のような罵詈雑言や侮辱的な発言も許されておりません。

そして、団体交渉が社会的な相当性を超えて、上記のような局面に至ってしまった場合には、会社が団体交渉を打ち切ることも許されています。

また、労働組合側の出席者によって違法な行為が繰り返される可能性が高

い場合は、会社は労働組合に対し、違法な行為を行わないことの誓約を求め、誓約しない限り団体交渉には応じないという態度をとることも許されています（マイクロ精機事件──東京地裁昭和58年12月22日判決・労働判例424号44頁）。

　本問の場合は、まず罵詈雑言が繰り返されている団体交渉のその場において、会社側の出席者は労働組合側の出席者に対し、そのような発言をやめるよう強く求め、それでも罵詈雑言が続くのであれば、「冷静な話し合いができないようなので、この団体交渉は中止します。次の団体交渉については、追って連絡します」と宣言して、団体交渉を実際に中止してください（社外で団体交渉を行っている場合は、そのまま退席してください。社内で団体交渉を行っている場合は、労働組合側の出席者に対し、社外に出るよう強く求めてください）。

　そして、団体交渉が終わった後、会社は労働組合に対し、必ず文書で、団体交渉における労働組合側の出席者の罵詈雑言を指摘し、かつ、抗議し、今後同様なことが行われたら、その後は団体交渉には応じない旨の通知を行ってください。

　なお、筆者の経験ですが、団体交渉の内容を当事者が録音している場合は、このような事態にはなりにくいものと思われます。

（廣上精一）

Q38　回答者を指名することができるか

　懲戒処分が問題になった団体交渉において、地域ユニオンから事実関係について質問があったため、出席した総務部長が説明しようとしたところ、地域ユニオンの出席者から「お前には聞いていない。上司が説明しろ」と言われました。

　会社側の回答者は地域ユニオンから指名された者でなければならないのでしょうか。

POINT

特別な理由がない限り、どの出席者が回答しても構いません。

　団体交渉における交渉のテクニックの１つとして、気の弱そうな出席者を狙い撃ちにして、言いなりにさせるという方法があります。

　団体交渉の出席者は、会社側であろうと、地域ユニオン側であろうと、原則としてそれぞれが決めることができます。このことは団体交渉に出席する者を誰にするかという点においてだけでなく、団体交渉において誰が主に発言するかという点においても妥当します。

　したがって、地域ユニオンから会社側の回答者を指名されたとしても、指名された者が必ず回答しなければならないというわけではありません。本問の総務部長は「私が回答します」と言って説明を続けるべきです。地域ユニオン側が合理的な理由を示さずに総務部長が説明することに異を唱え、総務部長の説明を不当に阻止しようとするのであれば、地域ユニオンの側に団体交渉を続ける意思がないものとして、その団体交渉は中止しても構いません。

　これに対して、実際には例外的な場合と思われますが、地域ユニオンから

の回答者の指名に合理的な理由があり、会社側がその指名に従わなければならない場合も考えられます。

　たとえば、団体交渉において過去の細かい事実関係が焦点となり、その事実関係を労使双方で確定しなければ交渉が先に進まないような事案において、地域ユニオン側から、その細かい事実関係を知っている者が回答者として指名された場合は、団体交渉における会社の誠実義務との関係で、会社もその者の回答を検討せざるを得ないでしょう。また、その者がその団体交渉に出席していない場合は、次回の団体交渉における出席、あるいは、その者の話を記載した文書の提出を検討しなければならないでしょう。

（廣上精一）

Q39　団体交渉に弁護士が出席すべきか

　当社は今回、当社の社員１名が加入した地域ユニオンから、残業代の請求の件で団体交渉を申し込まれました。

　当社はこれまで労働組合との団体交渉をやったことがありません。団体交渉には、弁護士に出席してもらった方がよいのでしょうか。

● ●

POINT

　団体交渉に弁護士が出席すると、団体交渉が荒れにくくなる、議論を整理できるといったメリットがあります。ただし、弁護士が出席してもすべてが円滑にいくわけではありません。使用者側の労働問題に慣れた弁護士に日ごろから相談しておき、依頼した後もしっかりと打ち合わせを行うと、よい結果になりやすいと思われます。

A　1　団体交渉に弁護士が出席するメリット

　団体交渉は、会社と労働組合（地域ユニオン）が行うものであり、弁護士が出席することが絶対に必要なものというわけではありません。しかし、以下のように、団体交渉に弁護士が出席することにはいくつかのメリットがあります。

　第１に、地域ユニオンによる行き過ぎた名誉棄損的発言や怒声などによって団体交渉が荒れることを抑制できる場合があります。地域ユニオンは、相手が不慣れだと思うと、圧力を強めてくる可能性があるからです。

　第２に、場合によっては、弁護士が会社側のいわば主たる発言者としての役割を担うこともあります。それによって会社にとっては議論がうまく整理できる場合があります。

　第3に、弁護士が団体交渉に実際に出席することによって、弁護士として
もその問題の対立点を肌で理解でき、法的問題の検討に役立つという意味も
あります。

　もちろん、弁護士はその人柄も経験も様々であり、団体交渉への関与の仕
方も様々ですから、一概にいうことはできません。また、労働組合との団体
交渉に実際に出席したことのある弁護士は、決して多くないのが実情です。
しかし、もし会社が団体交渉に慣れていない場合には、労使紛争をある程度
経験している弁護士が団体交渉に同席することには、以上のようにメリット
が多いように思います。

2　弁護士による関与の限界

　しかし、弁護士が団体交渉に出席したとしても、それですべてうまくいく
わけではありません。

　弁護士は議論を整理したり、予め準備した内容を回答するといった場面で
は話すことができますが、会社のすべての情報を知っているわけではありま
せんので、団体交渉の中ではどうしても弁護士が回答できず、会社の出席者
に説明していただかなければならないことがあります。

　また、弁護士は団体交渉の中で発言し、問題を検討することはできますが、
最終的に決定することはできません。それはあくまで会社の経営者の役割で
す。

　ですから、団体交渉に弁護士のみが出席して、他に会社の方がどなたも出
席しないという事態は避けるべきです。弁護士は十分な説明ができないこと
があり、地域ユニオンからの提案については持ち帰って検討するという対応
になってしまいますが、それは誠実な交渉態度とはいえません。さらには、
会社の方がどなたも出席しないという状況そのものが不誠実な態度ともいえ
ます。

3　弁護士を使って団体交渉を円滑に進めるコツ

　弁護士を使って団体交渉を円滑に進めるには、予め使用者側の労働問題に詳しい弁護士（弁護士の中では、労働者側の労働問題に詳しい弁護士と、使用者側の労働問題に詳しい弁護士とがある程度区別されています）と顧問契約を締結するなどして、いざというときに相談しやすい体制を整えておくことです。弁護士としても、初めての会社からいきなり相談されるよりも、それまでお付き合いのある会社から相談される方が、いろいろな事情がわかっていて対応しやすいのです。

　そして、団体交渉の準備の段階から、綿密に弁護士と打ち合わせを重ねることが重要です。回答文書の内容や、想定問答作成、問題となっている事項の法的検討や事実調査、解決のための提案とその理由の準備など、準備すべき事項は多岐にわたります。初回の団体交渉の前はもちろん、その後も１回の団体交渉が終わるごとに、次の団体交渉をどうするかについてしっかりと打ち合わせを行うべきです。弁護士としても、会社の経営者や実務担当者との間で、細かいところまで打ち合わせが行き届き、意思疎通がうまくいくと、自信をもって対応でき、よい結果になりやすいように感じています。

　なお、以上のことは、弁護士が団体交渉に出席しない場合でも妥当します。

（大山圭介）

Q40　団体交渉での写真・動画撮影

　ある社員を成績不良を理由に解雇しました。その社員が駆け込んだ地域ユ
ニオンからの団体交渉申入れに当社は応じることとし、団体交渉会場に行き
ました。団体交渉開始前に組合員と本人が部屋に現れ、書記長と名乗る組合
員が、「組合ニュースに載せるから、会社側の出席者の写真を撮りたい」と
言ってきました。会社はこの要求に応じなければならないでしょうか。また、
会社が断ったのに写真や動画撮影をされた場合にはどうしたらよいでしょう
か。

● ●

POINT

　団体交渉で写真撮影を行うかどうかも団体交渉ルールの一環であり、
会社がこれを希望しないならば、端的に断りましょう。

　もし無断で写真や動画を撮影された場合には、その写真を使用させ
ないよう抗議すべきです。

A　1　団体交渉における写真撮影

　　　　　団体交渉における録音の可否という問題はこれまで論じられて
きた問題であり、本書でも第1部総論Ⅳ2（19頁参照）やQ41において触
れられています。しかし、団体交渉における写真撮影の可否という問題は、
これまであまり論じられていないように思います。

　写真撮影も、録音と同じく、団体交渉をいつ・どこで・誰が・どのように
行うか、ということに関する団体交渉ルールの問題に属すると思われます。
団体交渉ルールをいかに設定すべきかについては、法律上の規定は存在せず、
労使がその都度話し合って決めるべきことです。

　地域ユニオン側が団体交渉前に写真撮影を要望してきた目的は、組合ニュースに載せるということのようです。しかし、団体交渉は、あくまで労働組合と話し合って問題を解決するための場であって、労働組合の活動を宣伝するための場ではありません。団体交渉を行っているという事実をあえて外部に発信する必要は、少なくとも会社側には全くありません。

　さらにいえば、団体交渉の出席者も、「みだりにその容ぼう・姿態……を撮影されない自由」（京都府学連デモ事件——最高裁昭和44年12月24日判決・判例タイムズ242号119頁）という、いわゆる肖像権を有しています。団体交渉における写真撮影が会社側出席者の肖像権を侵害する不法行為となるか否かは一口にはいえませんが、写真撮影を希望しない場合にこれを断る理由として、肖像権を主張することも可能です。

　以上から、団体交渉前の写真撮影に対しては、会社側はこれに応じない旨を端的に述べて断ってしまうのがわかりやすい対応だと思われます。

2　万が一、勝手に写真撮影された場合はどうするか

　では、万が一、地域ユニオンが会社に無断で団体交渉の様子を写真撮影した場合はどうすべきでしょうか。この場合は、写真撮影を拒否したのに無断で撮影したわけですから、会社側出席者各人の肖像権を侵害するものとして、その場で、その写真の使用を禁ずる、と抗議してください。また抗議したのに写真を使用された場合は、法的手段（損害賠償請求）を講じるとともに、この後の団体交渉に応ずることはできないと警告してください。

　また、抗議したのに、組合ニュースや組合ブログに掲載されてしまった場合はどうすべきでしょうか。この場合は、地域ユニオン宛てに抗議書を出し、出席者の肖像権を侵害する違法な行為である旨を抗議するとともに、掲載の中止を求め、中止されない場合はこの後の団体交渉に応ずることはできないと警告してください。

　もし明確に抗議しないと、次回以降も同様に団体交渉の写真が撮影され、

その後それが暗黙の了解事項になってしまう可能性があります。

3　動画の撮影

　近時はスマートフォンで簡単に動画を撮影できますので、動画撮影の可否も問題になります。動画についても、基本的に写真と同様に考えてもよいと思われます。

　すなわち、動画の撮影は拒否し、無断撮影された動画の使用には抗議すべきです。

（大山圭介）

Q41　団体交渉の録音

　団体交渉中に、地域ユニオンの出席者がIC レコーダーを机の上に置いて録音しはじめました。当社はこれを断ってよいのでしょうか。

　また逆に、当社も録音すべきなのでしょうか。

　さらに、地域ユニオン側に秘密で録音された場合、その録音は証拠として価値があるのでしょうか。

● ●

POINT

　地域ユニオン側の録音は、断らず、むしろ会社側も録音すべきです。秘密録音であっても証拠としての価値があります。

A

1　そもそも録音は許されるか

　　　　団体交渉において、地域ユニオン側が録音を要求してきた場合、会社側はこれを拒否することができるのでしょうか。

　これについては、地域ユニオン側が録音（テープレコーダーの持込み）を要求したのに対し、会社側がこれを拒んで団体交渉を拒否したという事案において、「交渉ごとにおいては、相手方の発言を当人の意思に逆らってまで録音することができないことは社会常識」であるなどとして、不当労働行為とまでは判断できないという地方労働委員会の命令があります（明治屋金沢支店事件——石川地方労働委員会平成元年3月14日命令・労働判例559号120頁）。このように会社側が録音を断るという対応も考えられなくはありません。

　しかし、地域ユニオンとの団体交渉の場合、録音はむしろ会社側にメリットがあります。すなわち、「言った、言わない」の議論を避けるという意味のみならず、団体交渉における乱暴な発言・過激な発言・暴言を避けること

ができます。ですから、会社側としては地域ユニオン側の録音申し出に対しては、むしろこれを承諾するとともに、会社側からも録音を申し出た方がよいでしょう。

2　地域ユニオン側が録音を拒否してきたらどうするか

第1部総論Ⅳ2（19頁）では、会社側から録音を申し出るべきだとしました。これに対し、地域ユニオン側が録音を拒否してきたらどうすべきでしょうか。

上記の地方労働委員会命令を裏返せば、会社が録音を申し出た場合でも、地域ユニオン側がこれを断ることはできそうです。

しかし、地域ユニオンは団体交渉をぜひとも実施しなければならない立場にありますから、地域ユニオンが「録音をするなら団体交渉に応じない」という対応をすることはまず考えられません。そもそも地域ユニオン側には録音に応じないことについて説得的な理由はないと思われますので、会社側から地域ユニオンに対して録音を拒否する理由を問いただせば、結局は双方で録音をするという妥協点に落ち着くものと思われます。

3　秘密録音の証拠能力

では、団体交渉において録音についての合意が全くないにもかかわらず、労働組合側が秘密で録音していた場合、その録音は後の裁判等において証拠としての価値を有するものでしょうか。

この問題については争いがありますが、わが国の裁判例はほぼ一貫して、秘密録音テープの証拠能力を認めています（白井運輸事件——東京地裁昭和57年8月25日判決・判例タイムズ496号174頁など）。すなわち、相手方に内緒で録音をしていたとしても、証拠としての価値があるといえます。

会社側が労働組合側による秘密録音を防ぐことは不可能です。ですから、むしろ公明正大に双方とも録音した方が合理的と思われます。　　（大山圭介）

Q42 賞与の支給日までに妥結できないとき

　当社にはこれまで労働組合はありませんでした。しかし、夏季賞与の額を例年の1.5カ月分から１カ月分に減らすことを不服として、ある社員が地域ユニオンに加入し、その地域ユニオンから団体交渉の申入れがありました。当社の財務状況からは、夏季賞与はやはり１カ月分とせざるを得ず、他の社員には予定の支給日に１カ月分を支給する予定です。しかし、地域ユニオンは頑として譲らず、妥結できそうにありません。このまま地域ユニオンと妥結することができない場合、この社員に１カ月分の賞与を支給しなくても問題ないのでしょうか。

POINT

　地域ユニオンとの団体交渉を支給予定日直前まで行い、それでも妥結できないならば、地域ユニオンに対し、会社提示額の賞与を支給する旨を文書で通知すべきです。

　文書での通知に対し、地域ユニオンが賞与の受領を拒否しない場合は会社提示額の賞与を支給します。これに対し、地域ユニオンが賞与の受領を明確に拒否する場合には、賞与の支給を保留せざるを得ません。

A

1　問題の所在

　賞与については、多くの会社では就業規則（賃金規程）において、単に「支給することがある」旨が定められています。しかし、過去に継続的に一定の賞与額を支給してきた事実があったならば、賞与を支給することが労使慣行となっている可能性がありますので、賞与だからといって支

給しなくてもよいとは一概にはいえません。

　また、本問の事案で賞与を不支給としたならば、地域ユニオンの組合員で
あることを理由として不利益取扱いをしたものとして、不当労働行為（労働
組合法7条1号）にならないかということも懸念されます。

　これに対し、地域ユニオンが賞与の受領を拒んでいるにもかかわらず、組
合員である社員に1カ月分の賞与を支給したならば、支配介入の不当労働行
為（労働組合法7条3号）となってしまうようにも思われます。

　このように、会社は悩ましい選択を迫られています。

2　対処法

　本問のような場合、実務的には、以下のように対応すべきと思われます。

　まず、会社は地域ユニオンとの間で、支給予定日直前まで（ただし、賞与
を銀行振込みで支給する場合は、実際の支給日直前ではありません。銀行におけ
る振込手続の期限日が実際上の期限となることに注意してください）、団体交渉
における合意をめざして、誠実な団体交渉を行うことが重要です。

　それでも地域ユニオンと合意できない場合には、その地域ユニオンに対し、
「当社の社員には、○月○日に会社が提示した1カ月分の賞与を支給するの
で、貴組合に属する社員にも同様に○月○日に1カ月分を支給することとす
る」という旨を文書で通知します。

　この文書による通知に対し、多くの地域ユニオンは、組合員が賞与を受け
取れなければ困りますので、「組合員の生活を守るため、会社の提示額には
異議を留め、仮に受領する」などと、提示額には反対するが賞与の受領は拒
否しない旨を回答してくることが予想されます。このように地域ユニオンが
賞与の受領を拒否しないならば、会社はその社員に、提示額どおりの1カ月
分の賞与を支給します。その後、地域ユニオンが賞与額についてさらに団体
交渉を申し入れてきたならば、団体交渉を続け、議論を重ねることにすれば
よいでしょう。

　これに対し、上記の文書による通知を受けても、地域ユニオンがあくまで自己の提案にこだわって会社の一方的賞与支給に反対し、賞与の受領を明確に拒否した場合はどうすればよいでしょうか。

　そのような場合は、会社としては、「貴組合から受領拒絶の意思が示されたので、当社は貴組合の組合員に対する夏季賞与の支給を貴組合と妥結するまで保留します」といった旨の文書を再度交付するなどしたうえで、賞与の支給は保留するしかないと思われます。

（大山圭介）

Q43　団体交渉における退室

　当社は、地域ユニオンからの団体交渉の申入れを受け、午後7時から1時間という条件で、社外の会議室での団体交渉に応じました。予定していた1時間が経過しましたので、「今日はこれで失礼します」と伝えたところ、地域ユニオンから「交渉の途中で席を立つな！　団交拒否で訴えてやる！」と叫ばれました。その後、当社の出席者が席を立ったところ、会議室の出口に組合員が立ち並んで出られないようにされてしまいました。このような地域ユニオンの対応は許されるのでしょうか。また、当社はどのような対応をすればよいのでしょうか。

● ●

POINT

　地域ユニオンが団体交渉終了後に団交会場からの退室を阻止しようとしても、会社側には退室する自由がありますので、退室するために道を空けるよう、粘り強く繰り返し要望してください。それでも押し問答が続いて退室を拒否する場合には、手を出さないように注意しながら、歩いてそのまま出て行って構いません。

A

1　退室の自由

　地域ユニオンは、少数の組合員に関する限られた労働問題について、団体交渉における解決をめざしています。ですから、団体交渉において何らかの成果を出さねばならず、そのために団体交渉では過激な手段がとられることがあります。具体的には、地域ユニオンは、団体交渉で大声を出したり、大勢の参加者で会社側出席者を取り囲んだり、長時間の団体交渉を実施して会社側の疲弊を誘ったりします。

　そして、そのような過激な手段の一環として、予め時間が決まっている場合であっても、会社側出席者の退室を阻止しようとすることがあります。口頭で「まだ終わっていないぞ！」、「逃げるのか！」、「団体交渉を拒否するのか！」などと大声で退室を非難するにとどまらず、本問のように、出口に複数の組合員が立ち並んで、会社側の出席者が出て行けないようにすることさえあります。

2　会社側の対応

　会社は誠実交渉義務の観点から、予定された時間の団体交渉を行わなければなりません。しかし、予定された時間を超えて団体交渉に応じなければならない義務はありません。まして、団体交渉が終了した後に団交会場に居続けなければならない義務はありません。団体交渉終了後は、会社側の出席者に退去する自由があることは当然のことです。

　ですから、本問のように出口に組合員が立ち並んだときでも、会社側の出席者は冷静に、かつ毅然として、「出て行きますので道を空けてください」と告げてください。地域ユニオン側も容易には道を譲らないかもしれませんが、会社側は、「団体交渉は終了したので帰ります。道を空けてください」と何度も繰り返し告げてください。しばらくは押し問答のようになるかもしれませんが、根気強く繰り返してください。

　何度繰り返しても埒があかない場合には、多少身体が触れたとしても、そのまま歩いて部屋を出て行ってください。

3　やってはいけないこと

　このような場合、会社側は組合員の身体をむやみに手で払いのけるなど、「手」を出してはいけません。地域ユニオン側から「会社側が組合員に暴行を行った」、「転倒してけがをした」などと主張され、事態が複雑化するおそれがあります。

4　地域ユニオン側の行為と犯罪性

　もし、地域ユニオンが会社側の出席者の身体を押したり、叩いたり、掴んだりした場合には、暴行罪（刑法208条）に該当します。また暴行・脅迫等によって人が一定の区域から脱出することを不可能または著しく困難にする程度にまで至った場合は、監禁罪（同法220条）が成立する可能性もあります。

　ただし、「正当な」組合活動には刑事免責がありますので（労働組合法1条2項）、地域ユニオンの行為がすべて犯罪になるものではなく、多少身体が触れる程度は会社側としても許容せざるを得ません。しかし、正当な組合活動の範疇を超えたものについては犯罪となる可能性があることもまた留意すべきです。

（大山圭介）

Q44　議事録の確認を求められた場合

地域ユニオンとの間において、第1回の団体交渉が終了しました。地域ユニオンから当社の発言と地域ユニオンの発言が記載された議事録があるとして、署名または記名・押印を求められました。当社はこれに応じなければならないのでしょうか。気をつけておくべきことはありますか。

POINT

　労働組合が団体交渉の議事録を作成し、会社に議事録の確認を求め、さらに、その内容に問題がなければ署名または記名・押印するようにと言ってくるケースがあります。しかし、会社がこれに応じなければならないわけではありません。もし、応じて署名または記名・押印してしまうと、その議事録が労働協約としての効力をもつ可能性があることに留意しましょう。

A

1　議事録作成の意義

　団体交渉中のやり取りをメモしておくことは当然のことですが、さらに、団体交渉後、団体交渉において労使双方がどのような話をしたのかということについて、速やかに議事録を作成しておくことは、出席者にとって後の備忘録となるという意味でも、また、団体交渉に出席していない会社の関係者に残す記録という意味でもとても重要なことです。

2　議事録確認の要請

　この議事録をめぐっては、地域ユニオンから、団体交渉後に地域ユニオンが作成した議事録について確認を求められ、内容に問題がなければ議事録に

双方署名または記名・押印していただきたいと、求められることが時折見かけられます。

　はたして、地域ユニオンからのこのような議事録確認の求めに応じなければならないかというと、否です。会社がそのような議事録確認に応じなければならないというルールはありません。確かに、議事録を作成し、相手方もその内容に異議がないということであれば、その議事録の内容は誤りのないものであるといえるでしょう。しかし、そこまでしなくてもそれぞれの側において、それぞれの出席者が確認し合えばよいことです。また、最近では多くの場合、団体交渉の内容を録音しているでしょうから、録音データで確認すれば誤りは少ないといえるでしょう。したがって、団体交渉の議事録を双方で確認し合う必要はなく、労使双方が自分たちで確認すれば足りると思います。

　むしろ、会社側としては、後記3のとおり、議事録の確認をし、労使双方で署名または記名・押印することで労働協約としての効力をもつ可能性があることに留意すべきでしょう。それ故、実務的には議事録の確認は避けた方がよいと思います。

3　労働協約と議事録確認

　労働協約は、労働組合と使用者との間の労働条件その他（具体的には労働組合と使用者との労使関係に関する諸ルール等）について書面を作成し、両当事者が署名または記名・押印することによってその効力を生じます（労働組合法14条）。

　労働協約には、たとえば、個々の労働契約に対する優先的な効力、すなわち、労働協約に定める労働条件その他の労働者の待遇に関する基準に違反する労働契約の部分は無効となり、無効となった部分は、労働協約に定める基準によるとされ（労働組合法16条）、さらに、就業規則との関係においても優先的効力、すなわち、就業規則は労働協約に反し得ない（労働基準法92条1

項）とされています。労働協約にはこのように強い効力が認められています。

　この労働協約に当たるか否かのポイントは、書面に作成すること、そして、労使双方がそれに署名または記名・押印することですので、議事録の場合も、この要件を満たすと労働協約に当たる可能性があり、このような議事録には先ほど述べたような強い法的効力が認められるおそれがありますので、留意する必要があります。

（三上安雄）

Q45　複数の組合がある場合の団体交渉の順序

　当社には当社の社員のみが組合員の労働組合（企業別組合）がありますが、そのうちの一部の社員が脱退して地域ユニオンに加入しています。

　今年の春闘において、地域ユニオンから、いつも先に企業別組合と団体交渉を行うのは不当な差別であり、支配介入の不当労働行為に該当するとの申入れがありました。

　しかし、地域ユニオンに加入した社員はわずか数名に過ぎません。また、地域ユニオンからの要求はいつも過大なもので、なかなか妥結に至りません。このため、当社は企業別組合との団体交渉を1日か2日先に開始しています。

　このような対応は許されないものなのでしょうか。

POINT

　労働組合が複数存在する場合、会社が大多数の社員を擁する労働組合との団体交渉および妥結を基本として労務管理をすることは、各労働組合に対し同一の労働条件をほぼ同一の時期に提示していれば、許されています。

　複数の労働組合が存在している場合、会社はそれぞれの労働組合を交渉相手として尊重し、団体交渉などにおいて、それぞれの労働組合に対して中立的な立場に立つべきです。会社が、合理的な理由なしに差別したり、一方の労働組合を弱体化させるようなことを行うと、労働組合法7条3号の支配介入の不当労働行為となります。実際に法的紛争になった多くの事案において、それぞれの労働組合に対する会社の対応が異なっており、その会社の対応の違いに合理的な理由がないことから、裁判所から支配介入の不当労働行為に該当するとの判断が示されていま

す（組合事務所や掲示板の貸与に関する事案として、日産自動車事件――最高裁昭和62年5月8日判決・判例時報1247号131頁）。

　しかし、複数存在する労働組合の中の自社の社員の数に圧倒的な差がある場合、会社が大多数の社員を擁する労働組合（企業別組合）との団体交渉や妥結を基本として労務管理を行うことはごく当然のことです。もちろん、会社の中立保持義務に違反するようなことは許されませんが、たとえば、会社がそれぞれの労働組合に対して同一の労働条件を提示しており、その提示がほぼ同時と評価しうる場合は、会社の行為は合理的な理由があるものとして不当労働行為には該当しないと解されております。本問の場合が正にこれに該当するものと思われます。

　なお、団体交渉の順序に関するものではありませんが、同一の会社の中に圧倒的多数の社員を組織する多数派組合と、ごく少数の社員を組織する少数組合が併存する事案において、会社が、勤務体制に関する労働問題の処理に当たって、多数派組合と合意に達したのと同一の条件で少数派組合とも妥結しようとして、多数派組合と合意に達した条件を譲歩の限度とする強い態度を示したとしても、会社のその態度は交渉力に応じた合理的・合目的的な対応であり、中立義務に違反するものではない、との判断を示した裁判例があります（日産自動車事件――東京地裁平成2年5月16日判決・労働関係民事裁判例集41巻3号408頁）。

（廣上精一）

地域ユニオンに対する便宜供与

　当社には当社の社員の約半数が加入している労働組合があります。しかし、闘争方針の対立で一部の社員が地域ユニオンに加入しました。そして、その地域ユニオンが社内の労働組合と同じ内容の便宜供与を求めてきました。地域ユニオンは差別的な扱いは不当労働行為になると言っていますが、地域ユニオンに加入した社員はわずか数名に過ぎません。それでも当社は地域ユニオンに同じ内容の便宜供与をする必要があるのでしょうか。

POINT

　会社が社内の労働組合に与えた便宜供与を、合理的な理由なしに地域ユニオンに対して与えないと、地域ユニオンを弱体化させる行為として不当労働行為と認定されることがあります。

　会社は、複数の労働組合に対し、それぞれを独自の交渉相手として尊重し、団体交渉やその他の労使関係において中立的な立場をとらなければなりません。

　会社が労働組合に与える便宜供与（労働組合法7条3号但書）についても、合理的な理由なしに、一方の労働組合には与え、他方の労働組合に与えないことは、他方の労働組合を弱体化させるものとして、支配介入の不当労働行為（同号本文）に該当することになります。

　しかし、合理的な理由があれば、結果的に取扱いに差が生じても不当労働行為にはなりません。

　たとえば、会社が複数の労働組合に対し同じ条件を提示し、1つの労働組合は受け入れたが、その他の労働組合は受け入れを拒否したため、結果的に取扱いに差が生じた、というような場合は不当労働行為にはならないと思い

ます。

　本問の場合、会社は労働組合に所属する自社の社員の数を問題にしていますが、そもそも地域ユニオンに所属する労働組合員は自社の社員だけではありませんので、自社の社員数だけでは取扱いの差の合理的理由にはならないものと思われます。

　本問の場合も、便宜供与の具体的内容（たとえば、組合事務所や掲示板の貸与など）に沿って、自社の社員の数が取扱いの差の合理的な理由になるか否かを検討する他ないと思います。

（廣上精一）

団体交渉の申入れと労働基準監督署の調査

　地域ユニオンから未払い残業代請求の団体交渉の申入れがありました。当社は、タイムカードで労働時間の管理をしており、それに基づくすべての賃金を支給していますので、未払いなどありません。このため、当社は地域ユニオンに対し、未払いがあるとする根拠を示すよう求めました。すると、ほどなくして労働基準監督署から残業代に関して調査を行う旨の通知がありました。

　当社はどのような対応をすべきでしょうか。

・・・

> ### POINT
> 　会社は労働基準監督署に事情を説明して、調査を待ってもらった方がよいと思います。

　社員が、地域ユニオンに加入する前に、労働基準監督署に相談に行っており、そのため労働基準監督署から調査の通知がくることもあるでしょう。

　あるいは、全く別のことで労働基準監督署がこの紛争の情報を入手したということも考えられると思います。

　さらに、地域ユニオンが団体交渉を有利に運ぼうとして、労働基準監督署に相談したのかもしれません。

　いずれにしても、地域ユニオンに対する説明と労働基準監督署に対する説明が二重になり、会社にとっては不都合な事態です。

　地域ユニオンに対する説明を行わないと、会社が団体交渉を拒否した、あるいは、団体交渉の申入れに対して会社が不誠実な対応をしたということになり、労働組合法7条2号の不当労働行為に該当する可能性があります。

　そこで、本問のような場合は、会社はその労働基準監督署に事情をよく説明して、労働基準監督署の調査を少し待ってもらって、地域ユニオンとの団体交渉に一定の目途がついた段階で労働基準監督署に対する説明を行った方がよいと思います。

（廣上精一）

用 語 解 説 ④　労働基準監督署

　労働基準法の行政監督機関については、同法97条以下に規定されています。厚生労働省の労働基準主管局の下に各都道府県の労働局が置かれ、その労働局の下に労働基準監督署が置かれています。この労働基準監督署が労働基準法の第一線の行政監督機関であり、全国に321署あります。

　労働基準監督署の長である労働基準監督署長の労働基準法上の権限は、労働基準監督官としての事業場等の臨検、帳簿や書類の提出要求、使用者（会社）や労働者の尋問（同法101条）のほか、行政官庁としての許可（同法33条1項ほか）、認定（同法19条2項ほか）、審査および仲裁（同法85条）です。

　また、労働基準監督署に配置された労働基準監督官の労働基準法上の権限は、上記の行政上の権限である同法101条のほか、同法に違反する行為に対して司法警察官の職務を行うことです（同法102条）。司法警察官の職務を行う場合は、刑事訴訟法に規定する手続による必要がありますが、逮捕などの強制捜査も行えます。

　労働基準監督署が最近行った主な監督指導としては、サービス残業などの不払い賃金を支払わせること、名ばかり管理職を改めさせること、危険な機械の使用を停止させることなどです。

（廣上精一）

Q48　地域ユニオンに加入した社員との直接交渉

　ある課長の勤務成績や勤務態度が悪く、何回注意をしても全く改まらないため、係長に降格しました。

　すると、その者は地域ユニオンに加入し、地域ユニオンから降格の撤回と差額賃金の支払いを求める団体交渉が申し入れられました。

　当社は何回か地域ユニオンと団体交渉を行い、降格の理由や経緯を説明しましたが、労使双方の主張は平行線のままでした。

　そして、その後、団体交渉が開催されないまま半年ほどが過ぎた頃、その者から、「地域ユニオンから脱退したので、会社と直接交渉したい」との提案がありました。

　当社はどのような対応をすべきでしょうか。

- -

> ## 📎 POINT
>
> 　会社が本人と直接交渉を行うのであれば、地域ユニオンに対する脱退届の写しを本人から出させるか、あるいは、脱退届を提出したことについて本人から会社宛に文書を出させるという方法があります。
>
> 　あるいは、地域ユニオンからの連絡がないことを理由に本人との直接交渉を断ることも可能です。

　まず、会社の方から本人に働きかけて、地域ユニオンを通さずに会社が社員本人と直接交渉をすることは、労働組合法7条3号の支配介入の不当労働行為になります。

　次に、地域ユニオンに加入した社員が、会社と直接の話し合いがしたいと言ってきた場合ですが、通常は、「地域ユニオンと交渉中なので、それはできない」と断るべきです。

　しかし、本問の場合は、社員本人の話では、地域ユニオンから脱退したということですから㊟、会社が社員本人と直接交渉をしても、何ら問題はないように思えます。

　ただし、後で地域ユニオンから、会社が積極的に脱退を勧めたのではないか、と疑われる可能性がないとはいえません。

　そこで、本人から地域ユニオンに提出した脱退届の写しを会社に提出させる、という方法が考えられます。

　本人が脱退届の控えをとっておかなかった場合、あるいは、口頭での脱退通知の場合は、本人が、いつ、誰に対し、どのような方法で、地域ユニオンに脱退の通知をしたので、会社に対し直接交渉を申し入れる、といったことを記載した文書を、その社員から会社宛てに差し入れてもらった方がよいと思います。

　なお、本人の話が疑わしい場合や、上記の文書の内容がおかしい場合は、本人の了解を得たうえで、地域ユニオンに連絡を入れて、本人の脱退について確認をする、という方法もあります。ただし、寝た子を起こす、または、藪蛇になるかもしれません。

　あるいは、地域ユニオンから脱退について何も言ってこないことを理由にして社員からの話は断って、地域ユニオンからの連絡を待つ、という方法も考えられます。

　少なくとも本問の場合は、会社の方から積極的な行動をとらなければならない状況にはないと思います。

（廣上精一）

㊟　なお、労働組合は、労働者の自発的結社に基づく団体なので、団体の性質上、組合員の脱退の自由は当然のことと考えられています（日本鋼管鶴見製作所事件——東京高裁昭和61年12月17日判決・労働判例487号20頁など）。

Q49　団体交渉における誠実交渉義務と資料の提示

　地域ユニオンと団体交渉をすることになったのですが、地域ユニオンは当社に就業規則および賃金規程の交付を要求してきています。また、貸借対照表・損益計算書を含む決算書等の経営資料の提供も求めてきています。当社としては、地域ユニオンが要求する資料をすべて提供しなければならないのでしょうか。

● ●

📎 POINT

　団体交渉において使用者には労働組合と誠実に交渉にあたる義務（誠実交渉義務）があります。労働組合の要求ないし主張を受け入れたり、譲歩する義務まではありませんが、労働組合の要求や主張に対して回答し、必要によっては会社の主張の論拠を示したり、必要な資料を提示するなど誠実な対応が求められます。

　しかし、労働組合が要求する資料をすべて提供しなければならないわけではなく、労働組合からの要求事項に対する回答・主張に必要と思われる資料を使用者は提示すれば足ります。

A　1　誠実交渉義務と資料の提示

　労働者（労働組合）に団体交渉権が認められる（憲法28条）ことにより、使用者（会社）には団体交渉に応じる義務（この義務を「団体交渉義務」あるいは「団交応諾義務」といいます）が生じます。そして、使用者が正当な理由なく団体交渉を拒むことは不当労働行為に当たり、不当労働行為に対しては、労働組合法上救済制度が用意されています（同法7条2号、27条以下）。この団体交渉義務は、使用者が単に団体交渉に応じれば足りる

というものではなく、その内容として、労働組合と誠実に交渉にあたる義務（誠実交渉義務）も含まれています。もちろん、団体交渉は交渉事ですから、使用者が労働組合の要求ないし主張を一方的に受け入れなければならないものではなく、また、譲歩しなければならないものでもありません。

　ただ、誠実交渉義務として、使用者は、労働組合の要求や主張に対して回答するだけでなく、必要な場合には、使用者の主張の論拠を具体的に説明したり、また必要な資料を提示するなど、誠実な対応が求められます。

　ここで重要な点は、労働組合から要求されるすべての資料を提示する必要はないということです。使用者の誠実交渉義務という点からは、団体交渉に必要な資料の提示、すなわち、労働組合からの要求事項や使用者の回答・主張に必要と思われる資料を提示すれば足りるということです。

2　地域ユニオンの資料要求への対応

　では、地域ユニオンの資料要求についてどのように対応したらよいでしょうか。先に説明したとおり、使用者の誠実交渉義務という点からは、会社は、団体交渉に必要な資料を提示すれば足ります。地域ユニオンの要求する資料がはたして団体交渉に必要な資料か否かを判断する必要がありますので、地域ユニオンがどのような必要からその資料の提示を求めているのか、地域ユニオンからの具体的な要求事項との関係から、その資料が必要か否かを判断することになります。

　以下、本問事例に沿って検討してみます。

(1)　就業規則および賃金規程の交付を要求してきた場合

　地域ユニオンからの具体的な要求事項との関係から、就業規則および賃金規程が必要か否かを検討します。

　たとえば、地域ユニオンの要求事項が「組合員に対して会社が行った降格処分の撤回」だとします。この場合、就業規則における降格処分の規定の有無、および賃金規程における降格による賃金の変動に関する規定の有無等、

降格処分およびそれによる賃金の変動が労働契約の内容になっているか否か
を労働組合としても確認する必要があります。また、会社も降格処分の正当
性を主張するに当たりそのような根拠を示す必要があります。この点で、就
業規則および賃金規程の該当条項は、地域ユニオンの要求事項との関係から、
必要な資料といえ、提示する必要があると考えられます。

　問題は、資料の提示の仕方、すなわち、就業規則および賃金規程のすべて
を地域ユニオンの求めに応じて交付する必要があるか否かです。要求事項と
の関係からは、その該当条項の該当箇所をコピーして交付することで足りる
と考えられますので、就業規則および賃金規程のすべてを交付する必要はあ
りません。もちろん、交付することが禁じられているわけではないので、特
段支障がなければ交付しても構いません。就業規則も賃金規程も、たとえば
職場に備え置かれている等により周知されているものですから、交付しなく
ても後にその内容は地域ユニオンの知るところになるとは思いますが、実務
上、就業規則および賃金規程のすべてを地域ユニオンに交付するのではなく、
該当箇所以外のコピーは交付しないという慎重な企業もあります。

(2)　貸借対照表・損益計算書を含む決算書等の経営資料の提供を要求し　　てきた場合

　この場合も前記(1)と同様、地域ユニオンからの具体的な要求事項との関係
から、その資料が必要か否かを検討します。

　たとえば、会社の経営状況の悪化から、人員削減のため整理解雇をしたと
いう事案において、解雇された社員を組合員とする地域ユニオンからの要求
事項が「解雇撤回」であった場合、会社の解雇の有効性について、会社の経
営状況は重要な争点であり、会社としてもどのような経営状況であったのか
を説明する必要があります。この点で、会社の経営状況を示す資料は、地域
ユニオンの要求事項との関係から、必要な資料といえ、提示する必要がある
と考えます。

　この場合も、問題は、その提示の仕方です。公開企業のようにその経営資

料が開示されている企業であれば別ですが、非公開企業においては、経営資料は公開されておらず、その数値の開示は必要最小限にしたい（特に、経営状況が芳しくない資料の開示であればなおさらです）、しかも、そのような数値が他に漏れることでもあれば、取引先の信用や競業会社との競争関係に及ぼす不利益は計りしれないものがあります。そこで、開示の仕方については、できる限りそのような不利益を回避する形で、必要最小限の資料の開示にとどめる必要がありますし、実務上もそのような努力をしているケースが少なくありません。

　それ故、たとえば、会社の経営状況の悪化を示す資料として、地域ユニオンが求めるような決算書そのもの（税務署に申告した決算書そのもの）を開示するのではなく、そのような経営状況がわかるような資料（最小限必要な項目とその数値のみを記載した損益計算書や貸借対照表等）を提示すれば足りると考えます。筆者の経験上も、実際、上記のような相談にのった会社から労働組合に対して最小限必要な項目とその数値のみを記載した資料しか提示していません。会社が作成した点を捉え信用されないのではないかと懸念されるのであれば、税理士等会計の専門家が作成したものを使用するということも一案かもしれません。いずれにしても、地域ユニオンが求める決算資料そのもの（税務署に申告した決算書そのもの）を提示しなければならないというものではありません。

　なお、提示の仕方ですが、提示した資料が外部に漏れるおそれがありますので、団体交渉後に資料を回収することを事前に伝えて提示することが必要な場合もあります。

　また、開示する内容を外部に漏らされたら重大な事態を招きかねないという場合においては、会社が、地域ユニオンの団体交渉出席者に対し、説明する内容を外部に漏らさないという誓約（誓約書の提出）を求める会社もあります。

（三上安雄）

Ⅶ　地域ユニオンとの団体交渉を終えるときの注意点

Q50　合意の仕方

　解雇問題で社員が駆け込んだ地域ユニオンと団体交渉を行っています。前回の団体交渉で、地域ユニオンの書記長が、退職を前提に柔軟な解決も考える余地があると言いました。当社も条件次第では合意による解決を図りたいと思います。

　むやみに譲歩しないために、交渉のコツを教えてください。

POINT

　安易な妥協はすべきではなく、団体交渉の打切りを恐れないことが重要です。

　また地域ユニオン側からも解決案を出させて、会社側のみがむやみに譲歩する展開にしないことが重要です。

1　交渉の打切りを恐れない

　団体交渉で必要以上に妥協しないために大事なことは、団体交渉の打切りを恐れないことです。

　もちろん、むやみに交渉を打ち切ってよいという意味ではありません。

　しかし、もし地域ユニオンが、一般に想定される和解水準よりもはるかに高い条件を提示し、それを全く譲らないような場合は、会社側が大幅に譲歩しない限り、その後何十回団体交渉を行ったとしても解決に至ることはない

でしょう。そのように議論が「平行線」に至った場合には、会社側としては数度の交渉を経たのち、これを打ち切ることも検討しなければなりません。

　誠実な団体交渉を複数回行った結果、交渉が平行線となった後に会社から団体交渉を打ち切ることは、不当労働行為とはなりません。

2　条件の切り出し方

　労使双方が解決に向けて交渉し始めるとき、和解案をどう切り出していくかということにも、配慮する必要があります。

　地域ユニオンは、多くの場合「会社から解決案を提出してくれれば検討する」などと言いながら、会社側からの解決案の提案を求めるでしょう。

　これに対し、もし会社が素直に落しどころと考えている提案をしたならば、地域ユニオンは「こんな条件では到底解決できない。もっと誠意をもって検討して欲しい」などと、さらなる譲歩を求めてきます。そしてそのままずるずると譲歩させられ、地域ユニオンの思うツボとなってしまいます。

　このような事態を防ぐためには、地域ユニオン側からも解決案の提案をさせることが大事です。そうしないと地域ユニオンが会社の提案を拒否し続けるだけで、条件がどんどんつり上っていってしまいます。

　労使双方が解決案を出し合ってから、相手の考えを読み合いながら少しずつ双方で歩み寄り、最後は「えいっ」と思い切りよくまとめる、というのが交渉のコツです。

（大山圭介）

Q51　妥結の準備

　これから妥結のための団体交渉を行います。どんな準備をしておけばよいのでしょうか。

・・・・・・・・・・・・・・・・・・・・・・・・・・・・・・・・

> **POINT**
> 　①交渉の最終ラインを決めてください。②最初の提案とその理由を決めてください。③想定問答を検討してください。④録音の準備をしてください。

1　交渉の最終ラインを決める

　まず第1は、たとえば最終的にいくらまでなら支払えるのか、交渉を成立させる最終ラインを最初から設定しておくことです。この最終ラインは、通常、交渉を成立させない場合の他の選択肢との比較で決定します。ただし、会社が経営難に陥っている場合は、支払原資に限りがあるため、絶対的な最終ラインが自ずと決まることもあります。

　もし相手方の提案がこの最終ラインを超えていた場合は、そもそも解決不能であり、団体交渉は最終的には打ち切るしかないことになります。

2　最初の提案をどうするか

　最終ラインを決めたうえで、最初の提案をどうするかを決めます。

　多くの場合は、最初の提案は拒否されたり、譲歩を迫られたりしますので、そのまま解決に至ることはありません。ですから、その後譲歩することを見越して、最初の提案を決めなければなりません。

　なお、最初からギリギリの条件を提示して、それを絶対に譲歩せず、

YES か NO かのみを相手に回答させるという交渉スタイルもありますが
（経営者によってはこの交渉スタイルを好む人もいるようです）、地域ユニオンは
特に、加入した組合員との関係で、ある程度の交渉の成果を出さねばならな
いという立場にありますので、会社側からとにかく譲歩を引き出そうとしま
す。よってこの交渉方法だとうまくいかない場合が多いと思います。

3　最初の提案の理由

　最初の提案にはその理由がなくてはなりません。理由がない提案は、当然
ながら交渉において説得力を欠き、否定されやすくなります。会社がそのよ
うな内容の提案をする理由を必ず準備しておきましょう。

　この場合は労使紛争における「相場」というものも理由になります。たと
えば、退職することを前提とした金銭解決であれば、勤続年数に応じて月例
賃金の 3 カ月分とか 6 カ月分などという和解案が提案されることが多いよう
です。

4　想定問答

　会社側が主張しなければならないことを準備しておくことはもちろんです
が、地域ユニオン側から言われそうなこと、特に言われたら嫌なことについ
ては、予めどのように回答するかを準備しておくことが大事です。紙に書き
出して、出席者間で意思確認しておく必要があります。

　またさらにいえば、想定問答作成に際しては、この日はどこまで言及する
か、どこまで譲歩するかという、交渉の進展をも想定しておくべきでしょう。

5　録音の準備

　第 1 部総論Ⅳ 2 （19頁）、Q41 で述べたとおり、使用者側も録音を申し出
るのが便宜です。IC レコーダーを用意しておきましょう。

（大山圭介）

Q52　協定書の締結に当たって社員の授権が必要な場合

　当社は重大な事故を起こした社員を懲戒解雇処分にしました。その後、その社員は地域ユニオンに加入し、地域ユニオンから懲戒解雇の撤回を求める団体交渉が申し入れられました。

　数回の団体交渉を行い、最終的には、当社は懲戒解雇を撤回し、その社員は解雇日に自己都合で退職するという内容の合意に達しました。また、当社は退職金の一部も支払うことになりました。

　地域ユニオンは合意内容を確認するための協定書の締結を求めていますが、協定書の締結に当たって当社が注意すべきことはどのようなことでしょうか。

● ● ● ● ● ● ● ● ● ● ● ● ● ● ● ● ● ● ● ●

POINT

　賃金や退職金などの既に発生している具体的な権利の処分や、社員との雇用契約の終了などについては、協定書に社員本人の署名・押印をもらっておいた方がよいでしょう。

　また、このような場合は、会社とその社員との間の清算条項も入れておいた方がよいと思います。

A

1　社員本人の署名・押印について

　　　　　会社が地域ユニオンと協定書を交わす場合、すべての場合に地域ユニオンとだけ協定書を交わせばよい、というわけではありません。

　確かに、地域ユニオンは、地域ユニオンに加入した社員のために会社と交渉を行う権限を有しています（労働組合法6条）。

　しかし、地域ユニオンに交渉権限があることと、既に社員に発生している個別具体的な権利を地域ユニオンが処分することができるか否かとは、法的

には全く別のことです。

　当然のことですが、その社員と地域ユニオンとがどのような話をしているかは会社にはわかりません。ましてや、その社員が地域ユニオンにどのような権限を与えているか（これを「授権」といいます）は会社には全くわかりません。

　したがって、未払い賃金や退職金などの既に発生している具体的な権利の処分や、社員との雇用契約の終了などについては、必ず協定書に社員本人の署名・押印をもらっておくべきです。地域ユニオンからそのような話が出ない場合は、会社の方から要求すべきです。特に、賃金や退職金については、会社は社員に対する直接・全額払いの義務を負っていますので（労働基準法24条1項）、注意が必要です。

2　清算条項について

　また、後で社員から請求されることがないよう、協定書の中に、会社と地域ユニオンとの間の清算条項だけでなく、会社と社員との間の清算条項も入れておくべきです。

　会社と社員との清算条項は、一般的には、「会社と社員は、本件（問題となっている事項）について、会社と社員との間には、この協定書に定める他何らの債権債務がないことを相互に確認する」といった趣旨の条項にしています。

　「本件について」としているのは、退職事案以外の場合は、協定書の締結後も会社と社員との間の雇用契約は継続しているため、清算条項の対象をその交渉で問題となった事項だけに限定する、という趣旨です。

　これに対して、解雇や雇止めなどの退職事案において、退職の合意が成立しているのであれば、すべての合意を協定書に盛り込んだうえで、「会社と社員との間には、本協定書に定めるほか何らの債権債務がないことを相互に確認する」という清算条項にすることも可能です。　　　　　　　（廣上精一）

Q53　団体交渉の打切り

　契約期間の満了で当社を退職した元社員が、雇止めは無効なので復職させ
ろと言ってきました。1年契約で3年間勤務していたことは確かですが、就
労態度が悪く、何度注意しても全く改まらないため、周りの社員にも悪影響
がでてきました。このため、雇止めにせざるを得ませんでした。

　その後、元社員が地域ユニオンに加入し、その地域ユニオンから団体交渉
の申入れがありました。当社は担当役員や上司だけでなく、社長も団体交渉
に出席して、当社が雇止めにした理由を説明しました。

　しかし、団体交渉を5回も行っているのに、その地域ユニオンは、同じよ
うな質問を繰り返したり、元社員のこととは全く関係のない当社の業績に関
する資料の提出を求めてきています。

　当社はこのまま延々と団体交渉を行わなければならないのでしょうか。

POINT

　会社は雇止めの理由を労働者や労働組合に説明しなければなりませ
ん。

　しかし、雇止めの理由に合理性があり、かつ、会社が誠意を尽くし
てその理由を説明している場合は、労働組合がさらに団体交渉を求め
てきても、会社は団体交渉を打ち切ることが可能です。

　　　　労働組合法7条2号は、不当労働行為の1つである「団体交
渉の拒否」について、「使用者が雇用する労働者の代表者と団
体交渉をすることを正当な理由がなくて拒むこと」と規定して
います。したがって、雇止めの理由に合理性があると考えていても、会社は
その理由を労働組合に誠意を尽くして説明しなければなりません。

　しかし、問題となっている事項について、労使双方が団体交渉においてそれぞれの主張を行い、それぞれの主張の理由や根拠について説明を行い、これ以上交渉を重ねても協議が進行する見込みがない場合は、交渉が行き詰まったものとして、会社は交渉を打ち切ることが許されています（池田電器事件——最高裁平成４年２月14日判決・労働判例614号６頁）。

　本問の場合も、会社が雇止めを行った理由に合理性があり、会社がその理由を団体交渉において地域ユニオンに対し誠意を尽くして説明しており、それでも地域ユニオンが団体交渉の継続を求める場合は、会社は交渉が行き詰まったものとして団体交渉を拒否することが許されると思います。

　ただし、交渉を打ち切った後、状況が変化して交渉を再開することに十分な意義が生じた場合は、会社は団体交渉を再開する必要があります。たとえば、元社員が十分反省の態度を示し、かつ、会社に人員を補充する必要性が生じた場合は、会社は団体交渉を再開し、元社員の誓約と引き換えに雇止めを撤回する、ということも検討すべきでしょう。

　なお、会社が団体交渉を打ち切っても地域ユニオンが執拗に団体交渉を求めてくることがあります。その場合は必ず文書で打切りを行った経緯を詳細に説明し、今後は団体交渉を行わない旨を地域ユニオンに伝えてください。

　また、地域ユニオンが書面で、あるいは街宣活動で、会社が団体交渉を拒否したことは不当であると訴えることが考えられます。さらには、労働委員会に対し、不当な団体交渉の拒否として、不当労働行為救済命令の申立てを行うことも考えられます。これらの地域ユニオンの抗議活動への対応策につきましては、他の解説に譲ります（第１部総論Ⅵ、Q58～Q64参照）。

　以上の解説は、会社の雇止めが法的に有効であることが前提です。１年契約を２回更新しただけでも、元社員が雇用継続を期待することが客観的な状況から合理的であると認められるときは、会社の雇止めは無効となり、同一条件で雇用が継続する場合もあります（詳細はQ33を参照してください）。

（廣上精一）

Q54　人事評価と地域ユニオン

　当社の社員で、昨年、地域ユニオンに駆け込んで賃金の査定差別ではないかと争った社員がいます。その時は、差別はしないことを確認し、その時の人事評価を改めて合意することで解決しました。その後もその社員はその地域ユニオンに加入し続け、何かあったら団体交渉をすると言っています。

　しかし、その後のその社員の人事評価は、組合員であるなしにかかわらず、芳しい成績ではありませんでした。そこで今年もあまりよい評価をできそうにありません。しかし、その社員は、自分だけ低い評価をしたら組合員を差別したことになって不当だと言っています。もし低い評価をしたら団体交渉も予想されますので、どう対応すればよいか教えてください。

● ●

POINT

　組合員であっても非組合員と同じく適切で公正な人事評価を行うことが重要です。公正な人事評価は不当労働行為とはなりませんが、会社は団体交渉に応じる義務があります。

A

1　人事評価と不当労働行為

　本問では、地域ユニオンに加入し、その後も組合員であり続ける社員に対する人事評価が問題となっています。労働組合との対応に不慣れな企業にとっては、いろいろと神経を使うことが多いかもしれません。

　確かに、労働組合員に対する不利益取扱いは、不当労働行為として違法となる可能性があります。しかし、それはあくまで「労働組合の組合員であること、労働組合に加入し、若しくはこれを結成しようとしたこと若しくは労働組合の正当な行為をしたことの故をもって」会社が不利益な取扱いをした

場合に限られます（労働組合法7条1号）。組合員であることと関係なく、フェアに査定した結果として不利益となってしまっても、会社のその評価は不当労働行為とはなりません。

2　適切な人事評価

まず人事評価を適切に行うことが重要です。すなわち、適切な基準を設定し、その基準に沿って公正に評価を行い、さらにその評価基準や理由について労働者ないし労働組合に説明できるようにしておくことが重要です。組合員も社員であることには変わりありませんので、他の社員と公平に評価し、よいところはプラス評価し、悪いところはマイナス評価することが重要です。

3　団体交渉での対応

本問の事案では、その経緯に鑑みると、理由はともかく会社が人事査定で不利益な評価をした場合は、地域ユニオンから団体交渉の申入れがなされるものと思われます。もちろん会社としてはこれに応じなければなりません。

そして、会社は人事評価の基準や評価理由について、地域ユニオンに対して一定の資料を開示しながら説明しなければなりません。団体交渉において地域ユニオンは、査定が不利益になったのは労働者の責任ではなく会社に責任がある（たとえば、業務割り当てが不公平である、上司が偏見をもっていた、上司が組合を嫌悪していた）などということを主張してくるかもしれませんので、そのような主張には適切に反論する必要があります。

なお、当然のことですが、組合員だからといって、人事評価について理由なく妥協してはなりません。妥協は悪しき前例となり、翌年以降も同様の妥協を強いられ、正当な理由がある場合でも、その組合員への不利益評価が行いにくくなります。そして組合員のみを優遇する不公正な取扱いを認めると、他の社員も不公正感を抱くこととなり、会社全体の士気の低下につながりかねません。

(大山圭介)

Q55　労働委員会によるあっせん

　当社は地域ユニオンとこれまで団体交渉を行ってきましたが、提示された条件の差が全く縮まらず、このまま交渉が平行線になりそうです。

　このような場合、労働委員会のあっせんを利用して事態を打開することはできるのでしょうか。あっせんはどのような手続で、会社側にどのような長所と短所があるのでしょうか。

● ●

POINT

　労働委員会によるあっせんは、労働委員会という公的な第三者が介入して合意を促すこと、会社側からも申請できることなどの長所がありますが、相手が拒否した場合にはその手続が開始しないこと、双方の主張を足して2で割る解決になりやすいことが短所といえるかもしれません。しかし、労使双方が本音では合意による解決を希望しているような場合には、有効な解決手段となる可能性があります。

A　1　都道府県労働委員会におけるあっせんの概要

　各都道府県の労働委員会では、労働争議の調整手段として、あっせん手続を設けています（他に、調停・仲裁の手続もありますが、あっせん手続が大半を占めているようです）。

　あっせん申請は労働組合からも使用者からも行うことができます。申請は、申請書を労働委員会に提出することによって行います。申請がなされると、労働委員会はあっせん員を指名し、相手方当事者にあっせんに応じるように働きかけ、相手方当事者があっせんに応じた場合にはあっせん期日を指定します。

あっせん期日においては、労使が別々の控室に入り、あっせん員が双方から別々に事情を聴き取り、意見を調整し、2回目～3回目（さらに回数を重ねる場合もあります）の期日の中で、合意を促したり、あっせん案を出したりして解決を図ります。

そして、合意にこぎつけた場合は、書面で協定を結んで終了します。これに対し、合意が成立しないことが明らかになった場合には、あっせんは打切りとなり、あっせん手続は終了します。

2　あっせんの長所

あっせんの長所は、まさに「第三者が和解を勧めてくれること」そのものにあります。労使双方では議論が平行線に至っている場合でも、第三者であるあっせん員によるあっせん案ならば、双方が面子を保ったまま受諾できる場合は少なくありません。労使双方とも建前では対立し、にらみ合っているものの、本音では双方ともに合意したいと考えているような場合には極めて効果的です。

また、労働委員会のあっせんは、会社側から申請することができることも長所といえます。たとえば、団体交渉において、会社側は柔軟な解決の用意があるのに、労働組合側が頑なに建前論に固執しているような場合は、会社側から合意による解決をめざしてあっせんを申請することができます。

3　あっせんの短所

あっせんの短所を挙げるとすれば、相手方があっせんに応じないときは手続が開始しないことです。労働組合からのあっせん申請を会社が拒絶することも可能ですが、会社があっせん申請した場合に労働組合が拒絶することも可能です。相手方を強制的に手続に巻き込むことはできないのです。

また、どうしても労使双方の主張を「足して2で割る」ような中間的解決になりやすいのも、短所といえるかもしれません（この特徴は、ある意味、長

所ともいえるのですが)。当方の主張にこだわった解決を希望する場合には不向きです。

4　地域ユニオンとあっせん手続

　地域ユニオンが介入する事案は、地域ユニオンの攻撃的態度に屈しないことが会社にとって重要問題となりますが、争われるテーマはあくまで個別労働紛争が大半であり、双方が折り合える着地点を見出すことも可能な場合が多いでしょう。逆に、地域ユニオンとしても、本音では早期の解決を希望している場合が多いものと思われます。

　ですから、本問のように地域ユニオンとの団体交渉が平行線になりそうな場合でも、双方が本音では合意による解決を希望しているならば、労働委員会によるあっせんは有効な解決手段となる可能性があります。

　これに対し、本当に双方の見解が対立して落し所を見出すことがそもそもできない場合には、労働委員会のあっせんは効果的ではないといえます。このような場合は、会社側からあっせん申請をするのは避けた方がよいと思います。

（大山圭介）

Q56　地域ユニオンとの協定書の効力

　地域ユニオンに加入している当社の社員は1人だけですが、団体交渉において地域ユニオンから当社のすべての社員の労働条件に関する要求が提出されました。

　仮に、当社がこの要求を受け入れて、地域ユニオンとの協定書にその要求事項を盛り込んだ場合、当社のすべての社員にその協定書の効力が及ぶことになるのでしょうか。

● ●

POINT

　会社が自社の社員の労働条件について地域ユニオンと協定書を交わすと、その協定書は労働組合法上の労働協約に該当することになりますが、その協定書の規範的効力は地域ユニオンに加入している社員以外には及びません。

　なお、地域ユニオンとの間で、地域ユニオンに加入していない社員に関する取り決めを行うことは、実際にはあり得ないこととお考えください。

　団体交渉が妥結すると、労働組合は会社に協定書の締結を求めてきます。会社と労働組合が妥結した内容について書面を交わすと、その書面は労働協約として労働組合法上の特別な効力を有することになるからです。これは地域ユニオンとの団体交渉でも同じです。

　労働協約の成立要件は、労働条件等に関して書面を作成し、会社と労働組合が署名または記名し押印する、というものです（労働組合法14条）。

　この労働協約は、3年を超える有効期間の定めを禁じられていますが（労

働組合法15条１項および２項）、有効期間の定めがないと、労働協約の解約には一定の手続が必要となります（同法15条３項および４項）。

　そして、成立した労働協約に違反する労働条件等は無効となり、労働協約が定める基準による労働条件等となります（労働組合法16条。これを労働協約の規範的効力といいます）。

　問題となるのは、労働協約の効力が及ぶ人的な範囲ですが、以上の規範的効力は、労働組合側では労働協約を締結した労働組合の組合員だけに及びます。なぜなら、労働組合法６条は、それぞれの労働組合に対し、自己の組合員についてだけ、団体交渉を行い、労働協約を締結する権限を与えているからです。

　ただし、労働協約には、例外として、効力の拡張が認められています。労働組合法17条の事業場単位の一般的拘束力と、同法18条１項の地域的な一般的拘束力です。

　しかし、上記のそれぞれの条文をご覧いただければ容易におわかりいただけると思いますが、「労働者の４分の３以上の数」、あるいは、「労働者の大部分」との条件があるため、この２つの例外規定が地域ユニオンとの労働協約に適用されることはあり得ないと思います。地域ユニオンに加入する社員は、ほとんどの場合１人だけであり、多くても数名だからです。

　以上から、仮に会社が地域ユニオンとの間で自社のすべての社員の労働条件に関する協定書を締結し、それが労働協約に該当したとしても、その協定書の規範的効力はその地域ユニオンに所属する自社の社員のみに及ぶことになります。

　ただし、以上のことは、あくまで法的な効力に関することです。地域ユニオンとの間で、地域ユニオンに加入していない社員に関することまで取り決めることは、実際にはあり得ないものとお考えください。

　上記のとおり、労働組合法６条の趣旨からいっても、さらに常識から考えても、地域ユニオンは地域ユニオンに加入していない社員から権限を与えら

れているわけではありません。

　また、地域ユニオンとの間で、地域ユニオンに加入していない社員に関することまで取り決めたりすると、後々、地域ユニオンからどのような要求が申し入れられるかわかりません。

　本問はあくまでも仮定の話と考えてください。

（廣上精一）

Ⅷ　地域ユニオンの団体交渉以外の活動に対する対応

Q57　組合用務のためのストライキ通告

　地域ユニオンに加入した社員が当社に対し、地域ユニオン名で、地域ユニオンの会合に出席するため、特定日の午後についてストライキの通告書を出してきました。組合員である社員は、「欠勤ではなく、ストライキで休めば評価を下げることもできないはずである」との理由で、このようなことをしたと言っています。

　このようなことは許されるのでしょうか。また、会社としては、どのような対応をすればよいのでしょうか。

● ●

POINT

　仮に正当なストライキであっても、ノーワーク・ノーペイの原則から、会社はストライキに参加した社員に賃金を支払う必要はありません。

　組合用務のためのストライキは争議権の濫用と評価され、違法となります。

　会社の見解を書面によって地域ユニオンに通知すべきです。

A　まず、ストライキ（労働組合法8条では「同盟罷業（ひぎょう）」という表現を使っています）を典型とする争議行為は、憲法28条によって労働者の権利として保障されています。そのため、争議行為が正当なものであれば、ストライキに参加した組合員は刑事責任や損害賠償

責任を負いません（労働組合法1条2項・8条）。この法的効果は相当に強力なものですが、ストライキは労務を提供しないという側面も有しますので、ノーワーク・ノーペイの原則に従い、会社はストライキ期間の賃金を支払う必要はありません（労働契約法6条、民法623条・624条）。

　次に、ストライキは、団体交渉における組合員の立場を強化するとともに、交渉の行き詰まりを打開するための会社に対する圧力行動として認められているものです。それ故、争議権として保障されるためには、団体交渉上の目的事項となる労働条件の向上等のために遂行される必要があります。

　しかし、地域ユニオンの要求事項は、特定の社員に対する解雇や雇止めといった雇用終了に関する処分の撤回や金銭解決の要求であったり、退職の誘導に関する損害賠償請求や強要の停止など特定の社員のみに関するものが多く、加入した組合員は既に離職している場合もあります。また、仮に、地域ユニオン加入の社員が会社に在職中である場合でも、その社員は1人であるケースが多いのが実状です。そのため、地域ユニオンによる争議権の行使自体があまり現実的なものではなく、実際にもあまり耳にしません。

　本問では、その現実的ではないストライキの通告書を地域ユニオンが出してきた珍しい事案ですが、地域ユニオンの場合には、企業別組合とは異なり、会社との間で組合休暇制度（206頁「用語解説⑤」参照）等が確立しておらず、このため、本問のような組合用務のためにストライキを通告してくることも考えられます。このような組合用務のためのストライキは、団体交渉上の目的事項となる労働条件の向上等のために遂行されるものではなく、専ら組合内部の問題であることから、争議権行使の濫用と評価されるのが一般的であり、許されるものではありません（東京流機製造事件――東京高裁昭和54年12月24日判決・判例時報953号123頁等があります）。

　本問のような場合、会社としては、通告してきたストライキの日時の前に、地域ユニオンに対し、当該ストライキが違法であって会社としては認められないこと、万が一このまま欠勤した場合には正当な理由のない欠勤として対

応することなどを記載した抗議文を内容証明郵便等で速やかに送るべきです。そのような対応をしても、地域ユニオンの組合員がストライキと称して欠勤した場合には、会社は、正当な理由のない欠勤として扱うとともに、地域ユニオンに対し、再度抗議文を送るべきです。

（根本義尚）

用 語 解 説 ⑤　組合休暇制度

　労働協約等によって労働組合の業務のための休暇が制度化されることがあります。この場合の「休暇」とは、組合員が勤務時間中に組合業務に従事することを会社が許可することで、会社の労働組合に対する便宜供与の１つです。

　「休暇」の内容が不明確ですと、労使紛争に発展する可能性がありますので、会社がこれを認める場合でも、範囲や態様、手続などは労働協約等で明確にしておかなければなりません。実例としてよくあるのは、組合大会など定期会合への出席のようです。

　もちろん、このような勤務時間中の組合活動を会社が認めなければならない義務があるわけではありません。あくまで、労働協約等で会社が認めた場合は労働組合の権利になる、ということです。　　　　（廣上精一）

Q58　争議行為への対応

　当社社員が個人で加入した地域ユニオンの組合員20名が当社の車庫出入口付近に居座って占拠しているため、当社所有のタクシーが１台も出られず、営業ができない状況になっています。このような地域ユニオンの行為は許されるものなのでしょうか。また、このような場合、当社はどのような対応を取ればよいのでしょうか。

> **POINT**
> 争議行為も態様によっては違法になります。
> 会社は違法行為に対して毅然とした対応を取るべきです。

　争議行為は、憲法28条によって労働者の権利として保障されていますが、その手段・態様によっては違法な行為となります。
争議権を行使する場合でも、会社の施設に対する所有権や施設管理権、営業の自由その他の財産権との調和が要請されます。裁判所も、会社施設や会社の営業等を支配する実力行使を伴う争議行為は違法になると判断しています。また、組合員による会社社員に対する暴力の行使は、人身の自由・安全という法秩序の根本原則に反し、違法となります（労働組合法１条２項）。

　なお、企業別組合とは異なり、地域ユニオンの組合員は、社員の数が非常に少数であることから、要求事項が通らず、交渉が行き詰っているような場合には、会社が想定もしないような過激な行動に出ることもありますので、会社も留意しておく必要があります。

　本問では、地域ユニオンの組合員が会社の車庫出入口付近に20名という大勢で居座り、タクシー車両の一切の出入りを阻止しています。このような状況では、上記居座り行為の間、会社はタクシー車両を一切営業に使用するこ

とができず、営業自体が停止となってしまいます。このような争議行為の態様は、会社の所有権行使および営業自体を著しく妨げていることは明白であり、組合員による会社の財産に対する積極的な侵害行為であると評価できるものですので、許されません（類似裁判事案の代表例として、御國ハイヤー事件——最高裁平成 4 年10月 2 日判決・判例時報1453号167頁等があります）。もっとも、本問のような侵害行為までには至らず、出入口付近を完全にふさぐ形ではなく、会社の意思によっては出入りが可能な状態にある場合には、当該争議行為が違法とまではいえない可能性もありますので、注意が必要です。

　争議行為が違法な場合の会社の対応としては、まずは、会社から組合執行部に対して、口頭で、会社の財産権および営業が侵害されている状況であって違法であり、速やかに退去することなどを伝えて抗議するとともに、違法な争議行為をしている地域ユニオンの対応の様子をビデオカメラや写真等に記録します。その後も適宜同様の抗議および退去要求を行ってください。

　次に、会社が現場ですぐに組合に抗議したことを証拠として残すため、上記抗議内容を書面化し、営業できないことによって損害が生じていることを明記のうえ、会社から組合執行部にその書面を手交してください。この場合、受取りを拒否した場合は、その場で記載内容を読み上げて通知します。

　それでも、地域ユニオンの違法行為が収束しない場合には、所轄の警察に通報し、警察から占拠等を止めるよう説得してもらうようにしてください。

　なお、昨今では本問のような明らかに違法なケースにおいても、警察が労使間で解決するように諭すこともあってか、会社が被害届を正式に出すにまで至ることはほとんどないようですが、過去に、裁判所で争われた事案では、本問のような組合員による違法な職場占拠およびその後も退去せずに居座った行為につき、刑事責任を認めたケースもありますので（刑法130条後段の不退去罪を肯定した代表的な裁判例として、東洋酸素事件——東京高裁昭和46年 3 月24日判決・判例タイムズ264号394頁等があります）、警察に連絡して、警察に可能な対応を求めることを是非検討してください。　　　　　　（根本義尚）

Q59　地域ユニオンからの大量のFAX

　当社を自主的に退職した者が地域ユニオンに加入して、会社から退職を強要された、パワハラがあったなどと主張し、地域ユニオンから退職の撤回を求める団体交渉が申し入れられました。

　しかし、その者は退職直前に長期の有給休暇をとって自分から退職していきました。当社はこのことを説明するため、地域ユニオンに書面を送り、団体交渉には応じられないと回答しました。

　すると、その地域ユニオンの事務所から、その地域ユニオンの名前で、当社のいろいろな部署や複数の支社に対し、大量のFAXが送られてきました。そのFAXには地域ユニオンの一方的な主張があたかも事実のように記載されていました。

　FAXが送られてきた部署や支社は退職した者や地域ユニオンのことは全く知りませんので、大変混乱しました。それだけでなく、それらの部署や支社からの問い合わせが殺到した総務部はパニック状態になり、本来の業務が全くできなくなりました。

　このようなことをやめさせることは可能でしょうか。

● ●

📎 POINT

　会社は直ちに抗議の書面を地域ユニオンに送付してください。そして、その書面の中で、再度同じような行為が行われれば法的措置を講ずる、と警告してください。

　それでも同じような行為が続くのであれば、専門家に相談したうえで、違法行為の差止め請求の仮処分の申立てを検討すべきです。

本問のようなことをしても、会社が団体交渉に応ずるわけが

ないのですが（むしろ逆効果だと思います）、なぜかこのような

ことを行った地域ユニオンがありました。

　これまでに繰り返し説明していることですが、労働組合の組合活動であっ

ても、会社が平穏に事業を営む権利を不当に侵害することは許されておりま

せん。

　本件の地域ユニオンの行為は、組合活動として全く意味がないだけでなく、

会社が平穏に事業を営む権利を不当に侵害しているという点において違法な

行為です。

　したがって、会社は直ちに違法な行為をやめるよう抗議の書面をその地域

ユニオンに送付すべきです（後日の証拠とするため、配達証明付の内容証明郵

便にした方がよいと思います）。そして、その書面の中で、同じような行為が

繰り返されれば法的措置を講ずる旨警告しておいた方がよいと思います。

　では、本問において同じような行為が繰り返された場合、会社はどのよう

な法的措置を講ずべきでしょうか。

　まず、地域ユニオンを被告とする損害賠償請求訴訟を提起するという方法

が考えられます。しかし、この場合は会社が被った損害がどのようなものな

のかが問題となります。目に見える損害としては、送られてきたFAX用紙

代が考えられますが、訴訟を提起するほどの高い金額にはならないと思いま

す。これは社内の電話代も同様です。また、事務の混乱ということは、損害

額の計算という点において難があります。さらに、自然人であれば精神的な

損害の賠償請求（慰謝料請求）が考えられますが、会社などの法人では認め

られない可能性が高いようです。

　次に、会社などの法人であっても、人格権に基づく差止請求は認められて

いるようです。差止請求は、多くの場合、仮処分の申立てという方法で行わ

れていますが、同じような違法行為が繰り返される蓋然性が高い場合は、裁

判所はその違法行為の差止めを命じてくれます。この仮処分の申立ては有力

な方法ではないかと思われます。

　次に、名誉毀損罪や信用毀損罪に該当する行為として警察に告訴の相談を行うことも考えられます。ただし、本問の場合は、労働紛争の中での出来事であり、かつ、FAXの送り先が1つの会社の内部に留まっていますので、すぐに警察が動いてくれるか否かは不明です。

（廣上精一）

用語解説⑥　信用毀損罪・業務妨害罪

　刑法233条は、「虚偽の風説を流布し、又は偽計を用いて、人の信用を毀損し、又はその業務を妨害した者は、3年以下の懲役又は50万円以下の罰金に処する」と規定しています。

　信用毀損罪は、経済的な側面における人の社会的な評価を保護するものです。「虚偽の風説の流布」は、事実と異なった噂を流すことで、数人に言った噂でも、そこから多くの人に伝わるおそれがあれば、「流布」に当たります。「偽計」は、他人を騙したり、誘惑したり、他人の思い違いや不注意に乗じたりすること、と説明されています。

　業務妨害罪は、公務を除いた（公務──公権力の行使──には刑法95条の公務執行妨害罪があります）、事業や事務を保護するものです。

　信用を毀損されたのか、業務を妨害されたのか、あるいは、虚偽の風説の流布なのか、偽計なのか、刑法233条はどれに該当するのかがわかりにくい条文ですが、同じ条文の中のことですので、被害届（同法233条は親告罪ではありませんので、告訴は必要ありません）には行為の具体的内容と刑法233条に該当すると書いておいてください。　　　（廣上精一）

用語解説⑦　名誉毀損罪

　刑法230条１項は、「公然と事実を摘示し、人の名誉を毀損した者は、その事実の有無にかかわらず、３年以下の懲役若しくは禁錮又は50万円以下の罰金に処する」と規定しています。

　「名誉」とは、人（会社などの法人も含まれます）の社会上の地位または価値のことです。「事実」は、ある程度具体的なことで（事実の摘示がない場合は刑法231条の侮辱罪が問題になります）、既に多くの人に知られていることでも構いません。「公然」は、不特定または多数の人が知り得る状況にあることです。

　ところで、上記のとおり、刑法230条１項は「その事実の有無にかかわらず」と規定しています。実際にあったことの方が人の地位や価値がより傷つけられることになりますので、名誉毀損罪になります。しかし、それでは、言論の自由や民主主義の障害になりかねません。そこで、同法230条の２の第１項は、「公共の利害に関する事実に係り、かつ、その目的が専ら公益を図ることにあったと認める場合には、事実の真否を判断し、真実であることの証明があったときは、これを罰しない」と規定しています。また、同条２項や３項は、犯罪行為や公務員に関して特別な規定を設けています。

　なお、名誉毀損罪や侮辱罪は、それが裁判などの公の場面で取り上げられることによって、さらに名誉が毀損されるということもあるため、刑法232条で親告罪とされています。したがって、名誉を毀損された方が告訴しなければ検察官は起訴することができません。　　　（廣上精一）

Q60　地域ユニオンからの大量の電子メール

前問（Q59）の事案で、今度は、その地域ユニオンから、当社のいろいろな部署や複数の支社の社員に対して電子メールが繰り返し送られてきました。当社はどのような対応をすればよいのでしょうか。

> ### POINT
> 電子メールの場合も基本的に前問と同様であり、書面で抗議し、それでも応じない場合は差止めの仮処分などの法的措置を検討することになります。しかし、電子メールの場合、受け手がそれを読まないための措置が容易なので、仮処分は認められにくいかもしれません。

1　電子メールによる情宣活動

前問（Q59）は、大量の FAX 文書が送られてきた事案であり、その場合には書面で抗議し、それで収まらない場合には差止めの仮処分を実施すべきと解説しました。

では、FAX 文書ではなく電子メールの場合はどうでしょうか。地域ユニオンに加入した社員は社内の他の部署や他の支社の社員のメールアドレスを知っているわけですから、電子メールを使って同じことがなされることも当然に起こり得ます。

2　書面による抗議

電子メールの大量送信によって、虚偽の情報を流布したり、会社の誹謗中傷を行ったりすることは、地域ユニオンの組合活動の範囲を超え、会社が平穏に事業を営む権利を侵害する、違法な行為となる可能性があります。

　そのような場合には、書面で地域ユニオンに対して抗議することは当然です。この点はFAX文書の場合と同様です。

3　損害賠償・差止めの仮処分

　それでも地域ユニオンが電子メール送信を繰り返す場合には、法的措置を検討することになりますが、不法行為に基づく損害賠償請求については、その損害がいくらかという点についての主張・立証が難しいように思われます。この点、FAX文書の場合と同様です。

　では、差止めの仮処分はどうでしょうか。前例が見当たりませんので私見を述べますが、電子メールは個々人のメールソフトやメールサービス（Outlook、Gmailなど）で受信を拒否したり、仕分けルールを設定したりして、送られてきた電子メールを各社員が自主的に「読まない」ことは比較的容易です。それ故に、保全の必要性（あえて訴訟の前に仮処分を認めなければならない必要性）の点ではFAX文書と別の考慮が必要かもしれません。

　しかし、その電子メールが虚偽の情報を流布して社員の不安をあおったり、行き過ぎた内容で個人の名誉を毀損するようなものを含む場合には、やはり差止めの仮処分が認められる可能性があるように思われます。

（大山圭介）

Q61　インターネットを使った情宣活動

　解雇をめぐって当社の社員が地域ユニオンに駆け込みました。地域ユニオンは、当社の解雇問題について、事実を歪曲し、いかにも当社が悪者のような書き方で、インターネット上の組合ホームページに掲載したり、ブログやSNS上で組合活動や団体交渉の経過をアップしたりしています。

　ビラならまだしも、インターネットを使うと、顧客や取引先の目に触れる可能性が高く、非常に困ります。何か対処できないのでしょうか。

POINT

　インターネットを用いた情宣活動でも、正当な組合活動として社会通念上許容される範囲内のものであれば違法とはいえません。しかし、社会通念上許容される範囲を超えるものについては組合に抗議すべきです。

A

1　ビラの内容と違法性阻却について

　　　　　労働組合が配布したビラの内容が会社や役員・社員の名誉や信用を毀損したり、プライバシーを侵害するものであったとき、正当な組合活動として違法性が阻却される要件については、以下のような裁判例があります。

　すなわち銀行産業労働組合（エイアイジー・スター生命）事件（東京地裁平成17年3月28日判決・労働判例894号54頁）の判決は、「本件ビラで摘示された事実が真実であるか否か、真実と信じるについて相当な理由が存在するか否か、また、表現自体は相当であるか否か、さらには、表現活動の目的、態様、影響はどうかなど一切の事情を総合し、正当な組合活動として社会通念上許

容される範囲内のものであると判断される場合には、違法性が阻却されるものと解するのが相当である」として、一切の事情を考慮したうえで社会通念上の許容性を判断するとしています。

　また、一般的に、「前提として摘示した事実がおおむね真実であるか真実と信じる正当な理由があり、会社の名誉・信用等を不相当に侵害したり、役員・管理職者等の不相当な個人攻撃や誹謗中傷、私事暴露などに及ばない内容での主張・批判・訴えであるかぎりは、正当性が認められるべき」とされています。

　実務での感覚としては、労働組合のビラはその性質上会社や代表者を批判・攻撃することを目的としていますので、ある程度攻撃的な表現や比喩表現、誇張された表現がなされるのはやむを得ないと思います。しかし、表現内容がよほど行き過ぎていたり、その表現態様との関係で個人非難やプライバシー侵害が著しい場合には、やはり労働組合のビラといえども違法性を有することになります。

2　インターネットを用いた情宣活動について

　インターネットの普及に伴い、組合活動もインターネットを用いて行われることが多くなっています。

　たとえば、労働組合のホームページには現在行っている争議、過去に行った争議について掲載していることがあります。また、労働組合としてブログやX（旧 Twitter）、Facebook などの SNS 上で、争議の経過について詳細にアップしていることもあります。このように、インターネットを用いた情宣活動は、多数の人の目に触れる可能性がありますので、会社としては嫌なものです。

　このようなインターネットを用いた情宣活動の規制も、ビラ配布の問題と類似しますので、ビラの判断を類推して考えることになるでしょう。

　上記の銀行産業労働組合（エイアイジー・スター生命）事件は、インターネ

ット上で組合ビラを掲示した事案でもありますが、裁判例は「インターネットが普及した今日においては、組合ビラの内容を公衆送信することも目新しいものではない」とし、結論としても組合ビラの違法性を認めませんでした。

　また、首都圏成年ユニオン執行委員長ほか事件（東京地裁令和2年11月13日判決・労働判例1246号64頁）は、労働組合関係者がTwitter（現X）上で会社の執行役員とされていた特定社会保険労務士の誹謗中傷的言動を発信した事案において、不法行為の該当性を認めつつも、公益目的や真実相当性を認め、違法性を阻却する判断をしました。

3　実務上の対応

　上記のように、組合ビラやインターネットを用いた情宣活動に関しては、会社はある程度は受忍しなければなりません。しかし、行き過ぎた表現や態様と見受けられる場合には、組合に対して文書で抗議し、場合によっては差止めの仮処分や損害賠償請求などの法的措置も検討すべきです。

（大山圭介）

Q62　ビラ配布

　社員の解雇をめぐって地域ユニオンと団体交渉を行っていますが、当社が解雇を撤回しないためか、その地域ユニオンの労働組合員らが当社の正門前の路上で当社の社員や通行人に大量のビラを配布しています。しかし、そのビラには、解雇に至る経緯について明らかに事実に反する内容が記載されており、また、団体交渉に出席している当社の役員の身体的特徴を揶揄（やゆ）する記載があり、当社や役員に対する誹謗中傷といえるものでした。

　当社はどのような対応をすべきでしょうか。

● ●

POINT

　まず、ビラの原物を手に入れてください。可能であれば、それと同時に、ビラを配布している状況を会社施設内から録画してください。

　次に、弁護士等の法律の専門家に相談して、そのビラの内容が名誉棄損罪や信用棄損罪に該当するものであるか否か、また、正当な組合活動といえるものか否かを確認してください。

　次に、ビラの内容が名誉棄損罪や信用棄損罪に該当するものである、あるいは、正当な組合活動とはいえないものである場合は、その地域ユニオンに対し文書を送付し、ビラの内容に抗議し、ビラの配布の中止と回収を求め、さらに、謝罪を求めてください。そして、その文書には、中止と回収を行わない場合は、法的手段を講じる旨の警告文を記載しておいてください。

　それでも地域ユニオンがビラの配布を続ける場合は、警察に相談してください。

　また、地域ユニオンに対する損害賠償請求やビラ配布の差止請求を検討する必要もあります。

労働組合法１条２項本文は、「刑法……第35条の規定〔筆者注：違法性阻却事由としての正当行為〕は、労働組合の団体交渉その他の行為であって前項に掲げる目的を達成するためにした正当なものについて適用があるものとする」と規定しています。したがって、労働組合の正当な組合活動は刑法35条の刑事免責を受けます。

　しかし、逆にいうと、刑事免責は「正当な」組合活動に限って認められています。労働組合の組合活動が正当であるか否かは、まず、その活動が労働組合法１条１項に掲げる目的を達成するためのものでなければなりません。本問の場合、ビラの配布は解雇をめぐる団体交渉に関するものと思われますので、この目的に関しては正当なものと判断されると思います。

　次に、ビラの記載内容が正当なものといえるか否かも問題になります。

　労働組合の情宣活動の場合、通常、労働組合は会社に対峙する立場にありますので、ビラの内容も会社に不利な事実を指摘して会社を批判するものとなります。したがって、会社の名誉や信用を不当に侵害するものでない場合、あるいは、役員や管理職への個人攻撃と捉えられるような不当なものでない限り、そのビラの内容によって会社に多少の不利益が生じたとしても、組合活動の正当性が否定されるわけではありません。

　しかし、記載された内容が誇張の域を超え、事実と全く異なる内容となっている場合は、そのビラによって会社の名誉や信用が傷つけられ、あるいは、役員等の名誉や信用が傷つけられれば、組合活動の正当性は否定され、刑事上は、名誉棄損罪（刑法230条）や信用棄損罪（同法233条）などの刑事罰の対象になります。また、民事上は、損害賠償請求（民法709条）や人格権に基づくビラ配布の差止請求が可能になるものと思われます。

　本問のビラには、明らかに事実に反することや、団体交渉に出席している会社役員の身体的な特徴を揶揄したことなど、会社やその役員に対する誹謗中傷といえる内容が多数記載されているとのことですので、本問のビラの配布は、記載内容の不当性という点において、正当な組合活動とはいえないも

のと思われます。

　ただし、正当か否かの限界は微妙な場合が多く、通常はこの点の判断に法的な検討が必要となります。したがって、まずはビラの内容を弁護士等の法律の専門家に見てもらった方がよいと思います。

　本問において、ビラの記載内容から、正当な組合活動とはいえないと判断される場合は、会社は直ちにその地域ユニオンに文書（後日のために配達証明付きの内容証明郵便にしてください）を送付し、ビラの記載内容に抗議し、ビラの配布の中止と配布したビラの回収、それに謝罪を求めるべきです。

　さらに、その文書には、今後同じような行為を行った場合は直ちに法的措置を講じる旨の警告も記載しておいた方がよいと思います。ただし、警告の記載をする以上は、実際に違反行為が繰り返された場合は、必ず警告した内容を実行する必要があります。

　以上のような文書を送付したにもかかわらず、地域ユニオンが同じようなビラを配布する場合は、再度専門家に確認したうえで警察に相談に行き、しかるべき対応を求めるべきです。

　なお、警察に相談する場合は、ビラの原物を持参することは当然のこととして、ビラを配布している状況を地域ユニオンから妨害されないように会社施設内から撮影したものを持参した方がより効果的です。

　また、民事上の措置として、労働組合に対する損害賠償請求も検討すべきです。ただし、損害はどのようなものか、という判断が必要になりますので、この点も弁護士等の法律の専門家に相談してください。

　さらに、人格権に基づいてビラ配布の差止めを裁判所に求めることも可能です。通常は仮処分の申立てということになると思いますので、これも弁護士等の専門家に相談された方がよいと思います。

　なお、差止請求の仮処分につきましては、週刊誌の出版差止請求の仮処分事件が有名ですので、申立ての功罪につきまして、事前に専門家からよく説明を受けられた方がよいと思います。

（廣上精一）

Q63 取引先への組合活動

懲戒解雇した者が地域ユニオンに加入して、その地域ユニオンから団体交渉の申入れがありました。当社は懲戒解雇に至った経緯や理由を具体的に説明し、当社の懲戒解雇に法的な問題がないので、団体交渉に応じることはできないと文書で回答しました。

すると、その地域ユニオンは、当社の複数の取引先に対し、当社が団体交渉の拒否という違法な行為を行っているので、取引先企業として当社に指導すべきであり、正当な理由なく指導をしなければ取引先も違法行為に加担したことになる、という内容の書面を送り付けました。この結果、一部の取引先は当社との取引を停止し、当社は損害を被りました。

このような地域ユニオンの行為は許されるものなのでしょうか。

POINT

　会社は直ちに抗議の書面を地域ユニオンに送付すべきです。同時に、取引先に事情を説明してください。

　また、地域ユニオンに対する損害賠償請求訴訟の提起を検討すべきです。

　さらに、抗議の書面を送っても同じような行為が繰り返される場合は、名誉棄損罪の告訴や信用棄損罪の被害届も検討すべきです。

 　　　ここまでのことをする地域ユニオンは実際にはないのではないかとお考えの方もいらっしゃると思いますが、これは筆者が実際に複数のお客様から相談を受けた事案です。しかも、同じ地域ユニオンがこのようなことを何回もしています。

本書において繰り返し説明していることですが、労働組合の組合活動であ

っても、会社の名誉や信用を不当に侵害することは許されておりません。

　本件の地域ユニオンの行為は一種の街宣活動なのかもしれませんが、自分たちの要求や主張を述べる相手方は当該の会社であって、取引先は関係ありません。

　しかも、会社が懲戒解雇に至った経緯を文書で具体的に説明しているわけですから、地域ユニオンや解雇された者に反論することがあれば、まず、当該の会社に対し反論すべきです。

　そのようなことをしないで、無関係の複数の取引先に対し、会社が違法な行為をしていると一方的に決めつけた書面を送った地域ユニオンの行為は、明らかに違法な行為です。

　このような場合、会社に冷静な対応を求めることは酷なのかもしれませんが、まずは深呼吸をして、それから地域ユニオンに対し抗議の書面を送ってください。それと同時に取引先に事情を説明した方がよいと思いますが、取引先には、書面ではなく、直接うかがった方がよいかもしれません。

　また、取引停止による損害が営業上無視し得ないものである場合は、専門家に相談して、地域ユニオンを被告とする損害賠償請求訴訟の提起も検討した方がよいと思います。

　さらに、会社が書面で抗議したにもかかわらず、地域ユニオンが同じような違法行為を繰り返すのであれば、これも専門家に相談したうえで、名誉棄損罪の告訴や信用棄損罪の被害届について、警察に相談された方がよいのではないかと思われます。

（廣上精一）

Q64　街宣活動

　懲戒解雇した社員が加入した地域ユニオンから団体交渉の申し入れがありました。当社は、その地域ユニオンに対し、懲戒解雇の具体的な理由を文書で説明し、団体交渉には応じられないと回答しました。すると、この地域ユニオンの組合員らは、当社の正門前の路上や、社長の自宅の前で、拡声器を用いた大きな声で、団体交渉を要求する旨の演説を長々と行いました。この地域ユニオンが主張する内容は事実に基づいたものではなく、当社の信用を傷つけるもので、営業妨害です。現に、当社の取引先から多数の問い合わせが殺到しています。

　何か対応策はないものでしょうか。

POINT

　直接的な方法としては、その地域ユニオンを相手方として、街宣活動の禁止を求める仮処分を裁判所に申し立てる方法があります。

　また、直接的な方法とはいえませんが、警察に相談してみることも考えられます。

　労働組合の活動が、組合活動として正当な範囲内にある限り、その行為の違法性は阻却されます（労働組合法1条2項）。

　しかし、組合活動の目的・活動の態様・活動内容・会社や会社関係者が受ける不利益などを考慮して、組合活動が社会通念上相当と認められる範囲を逸脱している場合は、組合活動といえども違法な行為となります（ミトミ建材センターほか事件——大阪地裁平成24年9月12日決定・労働経済判例速報2161号3頁）。

　本問の街宣活動は、会社の付近のみならず、社長の自宅前でも行われてお

り、この点においてまず不当なものです。

　個人の私宅付近において行われる街宣活動については、裁判所は、労使関係の問題は労使関係の場で解決すべきであって、組合活動といえども個人の私生活の領域に立ち入るべきはないとの立場をとり、仮処分事件において会社関係者からの人格権に基づく差止請求を認めています（東京ふじせ企画労働組合事件──東京地裁平成元年3月24日決定・労働判例537号14頁など）。

　また、会社の周りで行われる街宣活動についても、社会的相当性を超えて会社の名誉や信用を傷つけ、あるいは、平穏に事業を営む権利を侵害している場合には、組合活動の正当性は否定され、差止請求や損害賠償請求が認められています（旭ダイヤモンド工業［東京・中部地域労働者組合］事件──東京高裁平成17年6月29日判決・労働判例927号67頁）。

　本問の街宣活動は、事実に基づかない内容であり、かつ、拡声器を用いて大きな声で長々と演説をしているという点において不当なものであり、その不当な行為によって会社の名誉や信用が傷つけられ、また、会社が平穏に事業を営む権利も現に侵害されていますので、街宣活動の差止めを求める仮処分の申立てを行うことは十分可能であり、また、実際に取引が停止されたり、取引を失った場合には、その分を損害として地域ユニオンに賠償を求めることも可能です。

　さらに名誉毀損罪（212頁「用語解説⑦」参照）や信用毀損罪（211頁「用語解説⑥」参照）に該当する可能性もありますので、証拠となる録画を持参して警察に相談する、という方法も考えられると思います。

（廣上精一）

———————————————●執筆者一覧●———————————————

廣上　精一（ひろかみ　せいいち）

廣上法律事務所

〒101-0053　東京都千代田区神田美土代町9番3号　日経タイプビル403号

TEL 03-3295-7122　FAX 03-3295-7155

三上　安雄（みかみ　やすお）

ひかり協同法律事務所

〒105-0001　東京都港区虎ノ門5丁目11番2号　オランダヒルズ森タワー16階

TEL 03-5733-2800　FAX 03-3433-2818

大山　圭介（おおやま　けいすけ）

大山圭介法律事務所

〒192-0046　東京都八王子市明神町4丁目7番15号　落合ビル3階

TEL 042-649-1842　FAX 042-649-1872

根本　義尚（ねもと　よしひさ）

根本法律事務所

〒101-0052　東京都千代田区神田小川町1丁目6番4号　新福神ビル3階

TEL 03-3251-6600　FAX 03-3251-6655

225

〔補訂版〕

これで安心！　地域ユニオン（合同労組）への対処法

令和5年12月25日　第1刷発行

定価　本体2,700円＋税

著　　　者　廣上精一・三上安雄・大山圭介・根本義尚
発　　　行　株式会社　民事法研究会
印　　　刷　株式会社　太平印刷社

発　行　所　株式会社　民事法研究会

〒150-0013　東京都渋谷区恵比寿3-7-16
〔営業〕TEL03(5798)7257　FAX03(5798)7258
〔編集〕TEL03(5798)7277　FAX03(5798)7278
http:www.minjiho.com/　info@minjiho.com

落丁・乱丁はおとりかえします。ISBN978-4-86556-592-8 C2032 ￥2700E
カバーデザイン　袴田峯男

令和6年4月施行の労働条件明示に関する改正も反映！

裁判事務手続講座〈第24巻〉

書式 労働事件の実務
〔第二版〕
―本案訴訟・仮処分・労働審判・あっせん手続まで―

労働紛争実務研究会　編

A 5 判・540頁・定価 5,940円（本体 5,400円＋税10%）

▶ 個別的労働紛争における本案訴訟・仮処分・労働審判の手続を申立書、答弁書を織り込みつつ事件類型別に解説！　集団的労働紛争における不当労働行為の救済手続の解説も充実！

▶ 手続の選択から解雇、休職、雇止め、賃金等請求、人事・損害賠償ほか不当労働行為の救済手続を取り上げ、近年増えているハラスメント事案や、正規、非正規間の格差などさまざまな事案に対応できるよう配慮！

▶ 訴状・申立書、答弁書をはじめ、証拠説明書、控訴状、上告状、保全異議申立書、文書提出命令申立書等、豊富な書式例を掲載！

▶ 弁護士、裁判官、企業法務関係者はもとより社会保険労務士、司法書士にも必携の1冊！

本書の主要内容

HPの商品紹介は
こちらから↓

発行　民事法研究会

〒150-0013　東京都渋谷区恵比寿 3-7-16
（営業）TEL. 03-5798-7257　FAX. 03-5798-7258
http://www.minjiho.com/　info@minjiho.com

**実務で問題となる論点について、労働法全体をカバーしつつ
判例・通説を基本に1冊にまとめた最新版！**

労働法実務大系
〔第2版〕

弁護士 岩出 誠 著

A5判・893頁・定価 9,900 円（本体 9,000 円＋税 10％）

▶激しく変貌する現代労働法を、実務家のために、実務的かつ理論的に詳説！

▶2018 年の働き方改革推進法はもとより、2019 年成立の改正労働施策総合推進法、改正女性活
躍推進法等の最新の法令、最高裁をはじめ直近の重要判例までを織り込み、法曹・企業の担当
者等実務家の利用を想定した、1冊で実務と理論の最新情報を提供！

▶労働関係紛争に適切に対応するためのあらゆる論点と、関係する法・判例・命令等を明示した
解説を凝縮して収録した実務家のための体系書！

本書の主要内容

発行 民事法研究会

〒150-0013　東京都渋谷区恵比寿 3-7-16
（営業）TEL. 03-5798-7257　FAX. 03-5798-7258
http://www.minjiho.com/　info@minjiho.com